한 권으로 끝내는

KB088730

문해력 첫 한자 漢字

전기현 지음 · 꽃비 그림

2 7~8세

카시오페아
Cassiopeia

문해력의 기초와
공부의 바탕이 되는 첫 한자

모든 공부의 기초와 뿌리에는 '어휘력'이 자리하고 있습니다. 이 어휘력으로부터 아이들의 학습 이해가 시작되고 생각의 표현도 무궁무진해질 수 있지요. 게다가 어휘력은 글을 읽고 의미를 이해하는 능력인 '문해력'의 시작점이기도 하기에 그 중요성이 다른 무엇보다도 크다고 할 수 있습니다. 그런데 최근 우리 아이들의 국어 사용 모습을 보면 낱말을 그릇되게 사용하거나, '대박'과 같은 하나의 표현으로 여러 낱말을 대체하는 경우를 많이 목격할 수 있습니다. 문제는 이러한 어휘력 빈곤 현상이 일상생활은 물론, 수업 시간의 공부에도 지장을 준다는 점에 있습니다.

우리말에는 수많은 한자가 녹아들어 있습니다. 절반을 훨씬 넘는 어휘가 한자어일 정도로 어휘력은 '한자'와 떼려야 뗄 수 없는 관계를 맺고 있습니다. 우리의 말과 글의 표현이 한글로 되어 있다고 해도, 뜻은 대부분 한자로 이루어져 있기에 한자를 알아야 제대로 뜻을 파악할 수 있습니다. 널리 알려졌듯 한글은 세계적으로 뛰어난 글자입니다. 덕분에 우리말과 한글만으로도 일상생활에 전혀 어려움이 없지요. 하지만 한글만 알아서는 제대로 공부하기가 어렵습니다. 한글이 그 자체로 뜻을 품고 있지는 않기 때문입니다. 아이들이 교실에서 만나는 실제 교과 관련 개념어의 대부분은 한자어에서 비롯되었습니다. 그래서 아이들이 개념어를 읽고 쓸 수는 있어도 그 뜻을 이해하는 데 어려움을 겪을 때가 많습니다. 가령 '서해(西海)'가 '서쪽으로 지는 해'인 줄 알고 문맥을 이해하거나, '용해(溶解)'의 뜻을 그저 대충 짐작만 하고 넘어가 깊이 이해하지 못하는 경우가 일어나곤 합니다.

하루는 수업을 진행하다가 '다른 나라로 망명하는 사람들이 늘어났습니다'라는 문장을 가르치게 되었습니다. 그때 '망명'이라는 낱말을 아는 아이들이 얼마나 되었을까요? 안타깝게도 대다수가 정확한 뜻을 모르고 있었습니다. '망(亡)'의 뜻이 '달아나다'라는 것을 추측한 아이는 있어도, '명(命)'의 뜻을 정확히 아는 아이는 없었지요. '명(命)'이 '목숨'을 뜻하고 '망명'의 속뜻이 '달아나(亡) 목숨(命)을 유지함'임을 알았을 때 비로소 아이들은 고개를 끄덕였습니다.

이처럼 한자를 안다는 것은 어휘력을 키우는 데 있어 매우 효과적입니다. 모든 교과 공부의 바탕이 되는 어휘력, 그리고 문해력을 기를 수 있는 기초가 되기에 한자 학습은 필수적이라 할 수 있습니다. 한자를 접해본 아이들 역시 이 필요성을 스스로 인식하곤 합니다. 자신들의 이름이나 국어, 사회 등의 교과명이 모두 한자어라는 사실을 알고는 무척 놀라기도 하지요.

한자 공부의 필요성은 '동음이의어'가 많은 우리말의 특성에서도 찾을 수 있습니다. '의사'만 하더라도 사람의 병을 치료하는 '의사(醫師)', 의로운 지사를 가리키는 '의사(義士)', 무엇을 하고자 하는 생각을 뜻하는 '의사(意思)' 등 여러 가지가 있지요. 이러한 동음이의어의 구별은 문맥의 흐름만이 아닌, 한자로 그 속뜻을 파악할 때 제대로 이루어질 수 있습니다.

그렇다면 한자는 어떻게 익혀야 할까요? 그저 모양을 따라 쓰고 외워서는 안 됩니다. 한자 학습이 유의미하려면 '자원(字源)'과 연결된 이미지 학습과 한자어가 포함된 문장을 익히는 과정이 필요합니다. 다년간 제가 교실에서 직접 아이들을 지도한 결과, 다음의 단계에 따른 점층적인 한자 학습은 놀라운 성취로 이어졌습니다.

1단계 한자의 자원을 통한 '뜻'과 '소리' 정확히 알기

2단계 한자를 필순에 따라 바르게 쓰기

3단계 한자가 포함된 낱말을 익히고 짧은 문장 속에서 낱말 찾기

이와 같은 3단계 과정을 통해 아이들의 어휘력은 점진적으로 높아졌습니다. 어휘에 자신감을 가지는 아이들이 많아졌고, 문해력 또한 자연스럽게 길러져 독서를 즐겨 하는 아이들, 교과 공부에서 우수한 성적을 거두는 아이들이 많아졌습니다.

이 책에는 그 교육 연구와 실천 내용이 반영되어 있습니다. 우리 아이들이 어휘력과 문해력의 두 열매를 얻기를 바라는 마음으로 3단계 점층 학습법을 충실히 담았습니다. 주제와 난이도에 따라 총 세 권으로 나누어진 시리즈의 두 번째 책인 『한 권으로 끝내는 문해력 첫 한자 2단계 7~8세』는 우리 세계의 바탕을 이루는 '수'와 '자연', 그리고 '시간'의 흐름에 따른 '계절'과 '날씨'까지 살펴볼 수 있도록 구성했습니다.

이 책과 함께라면 분명 아이의 어휘 자신감이 커질 수 있을 것입니다. 더 나아가 한자 어휘가 들어간 문장을 익히며 문해력 또한 눈에 띄게 성장할 수 있을 것입니다. 부모님께서는 아이가 책과 함께하며 한 단계, 한 단계 올라설 때마다 많은 격려를 아이에게 건네주세요. 부모님의 작은 칭찬과 관심 하나가 우리 친구들이 한자와 친해지는 시간을 앞당길 것입니다. 아이가 배우는 한자가 담긴 낱말로 끝말잇기, 낱말 다섯 고개 등의 놀이를 하는 것도 관심의 좋은 표현입니다. 그리고 아이가 배운 한자를 직접 설명하도록 유도하는 것도 대화의 좋은 주제가 된답니다. 아무쪼록 아이가 포기하지 않고 꾸준히 한자를 익힐 수 있도록 아이의 배움에 계속 관심을 기울여 주세요. 그렇게 될 때 우리 아이가 모든 교과 공부의 기초가 되는 어휘력과 문해력, 더 나아가 공부 자신감을 튼튼히 갖출 수 있을 것입니다.

지금 이 책을 손에 들고 있는 아이와 부모님에게 깊은 감사의 마음을 전하며, 한자 학습의 소중한 첫 시작을 진심을 담아 힘차게 응원합니다.

차례

이 책의 활용법

『한 권으로 끝내는 문해력 첫 한자』를 공부하며 이것만은 지켜 주세요

- 아이가 한자와 친숙해질 수 있도록 격려와 칭찬을 아끼지 마세요. 한자와 한글이 서로 돕는 관계라는 것을 스스로 느낄 때 학습 효과는 더욱 커진답니다.
- 되도록 아이와 '함께' 이 책을 활용해 주세요. 이 책과 함께라면 공부 시간이 즐거운 추억이 될 수 있을 거예요.
- 시간에 쫓기지 마세요. 여유로운 태도는 즐기는 공부를 가능하게 합니다.
- 한자를 쓰는 순서를 스스로 익힐 수 있게 하되, 아이가 잘 쓸 수 있도록 옆에서 직접 최대한 지도해 주세요. 필순을 제대로 익히면 한자를 잘 기억할 수 있답니다.
- 새로 익힌 한자를 일상에서 반복적으로 사용해 주세요. 새로 익힌 한자를 낱말이나 문장 속에서 자주 접한다면 더욱 분명하게 기억할 수 있을 것입니다.

1단계 또박또박 읽기

1단계 또박또박 읽기는 아이가 한자의 모양, 뜻, 소리 이렇게 3가지 구성 요소를 입체적으로 배우는 과정입니다. 아이가 한자의 모양과 그 한자를 나타낸 그림을 살펴본 후, 자연스럽게 뜻과 소리를 익히도록 해 주세요. 그다음에 뜻, 소리, 뜻+소리를 각각 3번씩 읽고 색칠해 보면서 성취감을 느끼게끔 지도하면 성공적으로 1단계를 마무리할 수 있습니다.

공부할 한자의 주제, 부수, 급수를 확인합니다.

하루에 2개의 한자를 배우고 익힙니다.
그림과 함께 한자의 모양, 뜻, 소리를 살펴봅니다.

뜻, 소리, 뜻+소리를 각각 읽고 나서 색칠합니다.
다 색칠하고 나면 성취감을 느낄 수 있습니다.

2단계 차근차근 쓰기, 3단계 두근두근 어휘력 키우기

2단계 차근차근 쓰기는 한자를 쓰기로 약속한 순서인 '필순'에 따라 써 보는 과정입니다. 한자의 총 획수를 확인한 후, 순서에 따라 차례대로 쓰면 됩니다. 더불어 한자의 모양뿐만 아니라 뜻과 소리까지 쓰면서 익힐 수 있도록 지도해 주세요. 이어서 3단계 두근두근 어휘력 키우기는 다양한 문장을 통해 한자가 들어간 낱말을 배우는 과정입니다. 3가지 방식으로 낱말을 학습하며 어휘력과 문해력을 동시에 키울 수 있습니다.

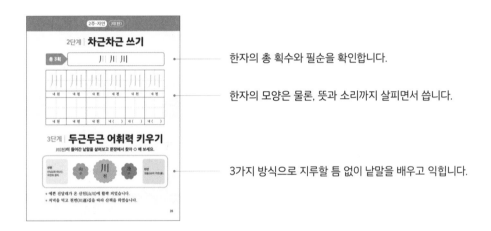

한자의 총 획수와 필순을 확인합니다.

한자의 모양은 물론, 뜻과 소리까지 살피면서 씁니다.

3가지 방식으로 지루할 틈 없이 낱말을 배우고 익힙니다.

룰루랄라 놀이

아이가 5일간 10개에 해당하는 한자 공부를 마친 후, 놀이를 통해 스스로 복습할 수 있는 장을 마련했습니다. 놀이의 힘을 학습에 적용함으로써 보다 즐거운 한자 공부를 경험해 보세요.

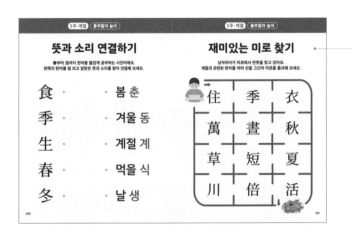

연결하기, 짝짓기, 미로 찾기 등
다양한 놀이 활동으로 신나고 재미있게
복습할 수 있습니다.

보너스 영상
QR 코드를 스캔해 전기현 선생님이
직접 설명하는 책 소개를 만나 보세요.

보너스 부록
QR 코드를 스캔해 한자의 3요소,
한자를 쓰는 순서, 답안지를 확인하세요.

최고 멋쟁이 ＿＿＿＿＿ (이)의
한 권 끝 계획표

- 총 6주 42일, 이 책을 공부하는 동안 아이가 사용하는 한 권 끝 계획표입니다.

- 한 권 끝 계획표를 사용하기 전, 가장 먼저 상단 제목 빈칸에 아이가 직접 자신의 이름을 쓰도록 지도해 주세요. 책임감을 기르고 자기 주도 학습의 출발점이 됩니다.

- 아이가 한 권 끝 계획표를 야무지게 활용할 수 있도록 다음과 같이 지도해 주세요.
  ❶ 공부를 시작하기 전, 한 권 끝 계획표에 공부 날짜를 씁니다.
  ❷ 공부 날짜를 쓴 다음, 공부 내용과 쪽수를 스스로 확인합니다.
  ❸ 책장을 넘겨서 신나고 즐겁게 그날의 내용을 공부합니다.
  ❹ 공부를 마친 후, 다시 한 권 끝 계획표를 펼쳐 공부 확인에 표시합니다.

- 한 권 끝 계획표의 공부 확인에는 공부를 잘 마친 아이가 느낄 수 있는 감정을 그림으로 담았습니다. 그날의 공부를 마친 아이가 ⭐(신남), ♥(설렘), 😊(기쁨)을 살펴보고 표시하면서 성취감을 느낄 수 있도록 많이 격려하고 칭찬해 주세요.

1주-수

	공부 날짜		공부 내용	쪽수	공부 확인
1일	월	일	數(수) 百(백)	12~15쪽	⭐ ❤️ 😊
2일	월	일	千(천) 萬(만)	16~19쪽	⭐ ❤️ 😊
3일	월	일	合(합) 差(차)	20~23쪽	⭐ ❤️ 😊
4일	월	일	倍(배) 計(계)	24~27쪽	⭐ ❤️ 😊
5일	월	일	算(산) 式(식)	28~31쪽	⭐ ❤️ 😊
6일	월	일	룰루랄라 놀이	32~33쪽	⭐ ❤️ 😊
7일	월	일	오늘은 신나게 놀아요 😊		

2주-자연

	공부 날짜		공부 내용	쪽수	공부 확인
8일	월	일	川(천) 江(강)	34~37쪽	⭐ ❤️ 😊
9일	월	일	海(해) 石(석)	38~41쪽	⭐ ❤️ 😊
10일	월	일	花(화) 草(초)	42~45쪽	⭐ ❤️ 😊
11일	월	일	林(림) 山(산)	46~49쪽	⭐ ❤️ 😊
12일	월	일	自(자) 然(연)	50~53쪽	⭐ ❤️ 😊
13일	월	일	룰루랄라 놀이	54~55쪽	⭐ ❤️ 😊
14일	월	일	오늘은 신나게 놀아요 😊		

3주-비교

	공부 날짜		공부 내용	쪽수	공부 확인
15일	월	일	大(대) 小(소)	56~59쪽	⭐ ❤️ 😊
16일	월	일	多(다) 少(소)	60~63쪽	⭐ ❤️ 😊
17일	월	일	長(장) 短(단)	64~67쪽	⭐ ❤️ 😊
18일	월	일	重(중) 經(경)	68~71쪽	⭐ ❤️ 😊
19일	월	일	前(전) 後(후)	72~75쪽	⭐ ❤️ 😊
20일	월	일	룰루랄라 놀이	76~77쪽	⭐ ❤️ 😊
21일	월	일	오늘은 신나게 놀아요 😊		

4주-시간

	공부 날짜		공부 내용	쪽수	공부 확인
22일	월	일	時(시) 分(분)	78~81쪽	⭐ ❤️ 😊
23일	월	일	半(반) 朝(조)	82~85쪽	⭐ ❤️ 😊
24일	월	일	午(오) 夕(석)	86~89쪽	⭐ ❤️ 😊
25일	월	일	晝(주) 夜(야)	90~93쪽	⭐ ❤️ 😊
26일	월	일	週(주) 年(연)	94~97쪽	⭐ ❤️ 😊
27일	월	일	룰루랄라 놀이	98~99쪽	⭐ ❤️ 😊
28일	월	일	오늘은 신나게 놀아요 😊		

5주-계절

공부 날짜			공부 내용	쪽수	공부 확인
29일	월	일	春(춘) 夏(하)	100~103쪽	⭐ ❤️ 🙂
30일	월	일	秋(추) 冬(동)	104~107쪽	⭐ ❤️ 🙂
31일	월	일	季(계) 衣(의)	108~111쪽	⭐ ❤️ 🙂
32일	월	일	食(식) 住(주)	112~115쪽	⭐ ❤️ 🙂
33일	월	일	生(생) 活(활)	116~119쪽	⭐ ❤️ 🙂
34일	월	일	룰루랄라 놀이	120~121쪽	⭐ ❤️ 🙂
35일	월	일	오늘은 신나게 놀아요 🙂		

6주-날씨

공부 날짜			공부 내용	쪽수	공부 확인
36일	월	일	淸(청) 明(명)	122~125쪽	⭐ ❤️ 🙂
37일	월	일	氣(기) 風(풍)	126~129쪽	⭐ ❤️ 🙂
38일	월	일	雨(우) 雲(운)	130~133쪽	⭐ ❤️ 🙂
39일	월	일	溫(온) 暑(서)	134~137쪽	⭐ ❤️ 🙂
40일	월	일	寒(한) 雪(설)	138~141쪽	⭐ ❤️ 🙂
41일	월	일	룰루랄라 놀이	142~143쪽	⭐ ❤️ 🙂
42일	월	일	오늘은 신나게 놀아요 🙂		

1단계 또박또박 읽기

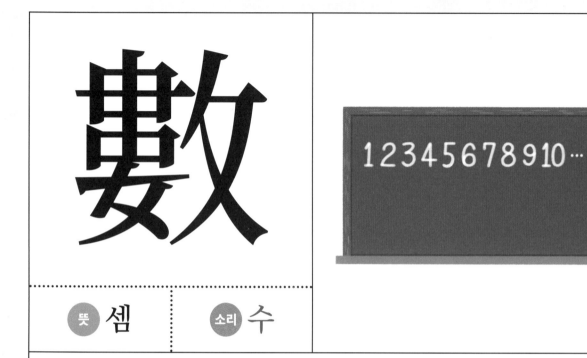

數

뜻 **셈** 소리 **수**

數(수)는 '셈' 또는 '낱낱의 수'를 뜻해요.

또박또박 읽고 색칠해 보세요.

뜻

數

셈

○○○

소리

數

수

△△△

뜻+소리

數

셈 수

□□□

2단계 : **차근차근 쓰기**

총 15획 ▶ 數 數 數 數 數 數 數 數 數 數 數 數 數 數 數

數	數	數	數	數	數
셈 수	셈 수	셈 수	셈 수	셈 수	셈 수
셈 수	셈 수	셈 수	셈 (　　)	셈 (　　)	셈 (　　)

3단계 : **두근두근 어휘력 키우기**

數(수)가 들어간 낱말을 살펴보고 문장에서 찾아 ○ 해 보세요.

개수
한 개씩 낱(個)으로
셀 수 있는 물건의
수(數).

個
개

數
수

學
학

수학
수(數), 도형 등에
관해 깊이 있게
파헤치는 학문(學).

* 밤하늘에 떠 있는 별의 개수(個數)를 세어 보았습니다.
* 새로 받은 수학(數學) 교과서에 이름을 썼습니다.

1단계 : 또박또박 읽기

百

| 뜻 일백 | 소리 백 |

百(백)은 '일백', '100'을 뜻해요.

또박또박 읽고 색칠해 보세요.

| 뜻 | 소리 | 뜻+소리 |

百
일백(백)
○○○

百
백
△△△

百
일백 백
□□□

2단계 : 차근차근 쓰기

총 6획 ▷ 百百百百百百

百	百	百	百	百	百
일백 백	일백 백	일백 백	일백 백	일백 백	일백 백
일백 백	일백 백	일백 백	일백 ( )	일백 ( )	일백 ( )

3단계 : 두근두근 어휘력 키우기

百(백)과 다른 글자가 합쳐진 낱말을 보고 문장에서 찾아 ○ 해 보세요.

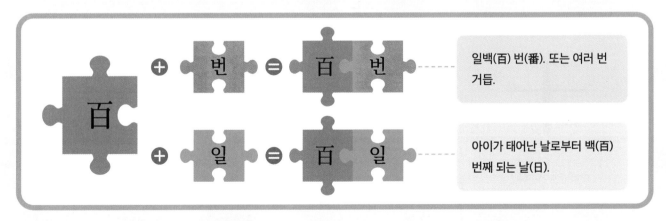

百 + 번 = 百 번
일백(百) 번(番). 또는 여러 번 거듭.

百 + 일 = 百 일
아이가 태어난 날로부터 백(百) 번째 되는 날(日).

✿ 그는 백번(百番) 쓰러져도 다시 일어서는 사람입니다.

✿ 사랑하는 동생이 태어난 지 백일(百日)이 되었습니다.

1단계 : 또박또박 읽기

千

뜻 일천   소리 천

千(천)은 '일천', '1000'을 뜻해요.

또박또박 읽고 색칠해 보세요.

뜻	소리	뜻+소리
千	千	千
일천(천)	천	일천 천
○○○	△△△	□□□

2단계 : 차근차근 쓰기

총 3획 | 千 千 千

千	千	千	千	千	千
일천 천	일천 천	일천 천	일천 천	일천 천	일천 천
일천 천	일천 천	일천 천	일천 ( )	일천 ( )	일천 ( )

3단계 : 두근두근 어휘력 키우기

千(천)이 들어간 문장이 자연스럽게 이어지도록 선을 그어 보세요.

경기장에 수천(數千) 명의 ●	● 공부하고 있습니다.
아이들이 천자문(千字文)을 ●	● 관중이 모였습니다.

· 천자문(千字文): 천(千) 개의 글자(字)가 담긴 한문(文)책.
· 수천(數千): 몇(數) 천(千).

17

1단계 ː **또박또박 읽기**

萬(만)은 '일만', '10000'을 뜻해요.

또박또박 읽고 색칠해 보세요.

2단계 : 차근차근 쓰기

총 12획

萬萬萬萬萬萬萬萬萬萬萬
萬

萬	萬	萬	萬	萬	萬
일만 만	일만 만	일만 만	일만 만	일만 만	일만 만
일만 만	일만 만	일만 만	일만 ( )	일만 ( )	일만 ( )

3단계 : 두근두근 어휘력 키우기

萬(만)이 들어간 낱말을 살펴보고 문장에서 찾아 ○ 해 보세요.

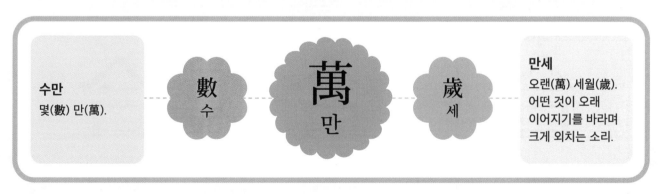

수만
몇(數) 만(萬).

數
수

**萬
만**

歲
세

만세
오랜(萬) 세월(歲).
어떤 것이 오래
이어지기를 바라며
크게 외치는 소리.

✦ 수만(數萬) 명의 병사가 적군과 맞싸웠습니다.

✦ 사람들이 '대한 독립 만세(萬歲)'를 외치며 태극기를 흔들었습니다.

19

1단계 : **또박또박 읽기**

뜻 합할	소리 합

合(합)은 '합하다', '더하다', 또는 '어떤 것에 맞다'를 뜻해요.

또박또박 읽고 색칠해 보세요.

뜻	소리	뜻+소리
合	合	合
합할	합	합할 합
○○○	△△△	□□□

2단계 : 차근차근 쓰기

총 6획	合 合 合 合 合 合

合	合	合	合	合	合
합할 합	합할 합	합할 합	합할 합	합할 합	합할 합
합할 합	합할 합	합할 합	합할 ( )	합할 ( )	합할 ( )

3단계 : 두근두근 어휘력 키우기

합(合)과 다른 글자가 합쳐진 낱말을 보고 문장에서 찾아 ○ 해 보세요.

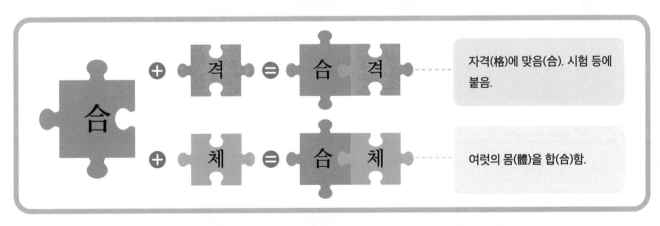

合 + 격 = 合 격 ········· 자격(格)에 맞음(合). 시험 등에 붙음.

合 + 체 = 合 체 ········· 여럿의 몸(體)을 합(合)함.

* 오랫동안 준비하였던 시험에 합격(合格)하여 무척 기뻤습니다.
* 변신 로봇 2대가 멋지게 합체(合體)하였습니다.

1단계 : 또박또박 읽기

뜻 다를   **소리** 차

差(차)는 둘 이상을 견주었을 때 '다르게 나타나는 정도'를 뜻해요.

또박또박 읽고 색칠해 보세요.

뜻	소리	뜻+소리
差	差	差
다를	차	다를 차
○○○	△△△	□□□

2단계 : 차근차근 쓰기

총 10획 差差差差差差差差差差

差	差	差	差	差	差
다를 차	다를 차	다를 차	다를 차	다를 차	다를 차
다를 차	다를 차	다를 차	다를 ( )	다를 ( )	다를 ( )

3단계 : 두근두근 어휘력 키우기

差(차)가 들어간 문장이 자연스럽게 되도록 선을 따라 이어 보세요.

나와 누나는 • • 차별(差別)하지 않으십니다.

선생님은 우리를 • • 키 차이(差異)가 납니다.

· 차별(差別): 다르게(差) 나눔(別). 등급에 차이를 두어 구별함.
· 차이(差異): 서로 같지 않고(差) 다름(異).

1단계 : 또박또박 읽기

뜻 곱	소리 배

倍(배)는 어떤 수나 양이 거듭되는 크기인 '곱'을 뜻해요.

또박또박 읽고 색칠해 보세요.

뜻	소리	뜻+소리

곱	배	곱 배
○○○	△△△	□□□

2단계 : 차근차근 쓰기

총 10획 ▶ 倍倍倍倍倍倍倍倍倍倍

倍	倍	倍	倍	倍	倍
곱 배	곱 배	곱 배	곱 배	곱 배	곱 배
곱 배	곱 배	곱 배	곱 ( )	곱 ( )	곱 ( )

3단계 : 두근두근 어휘력 키우기

倍(배)가 들어간 낱말을 살펴보고 문장에서 찾아 ○ 해 보세요.

배가
갑절(倍) 또는
몇 배로 늘어남(加).
또는 그렇게 늘림.

加
가

倍
배

數
수

배수
어떤 수의
곱절(倍)이 되는
수(數).

❀ 좋아하는 사람과 함께하면 기쁨이 배가(倍加)됩니다.

❀ 6은 3의 배수(倍數)입니다.

1단계 : 또박또박 읽기

計

뜻 셀   소리 계

計(계)는 '셈하다', '헤아리다'를 뜻해요.

또박또박 읽고 색칠해 보세요.

뜻
計
셀
○○○

소리
計
계
△△△

뜻+소리
計
셀 계
□□□

2단계 : 차근차근 쓰기

총 9획 ▶ 計 計 計 計 計 計 計 計 計

計	計	計	計	計	計
셀 계	셀 계	셀 계	셀 계	셀 계	셀 계
셀 계	셀 계	셀 계	셀 ( )	셀 ( )	셀 ( )

3단계 : 두근두근 어휘력 키우기

計(계)와 다른 글자가 합쳐진 낱말을 보고 문장에서 찾아 ○ 해 보세요.

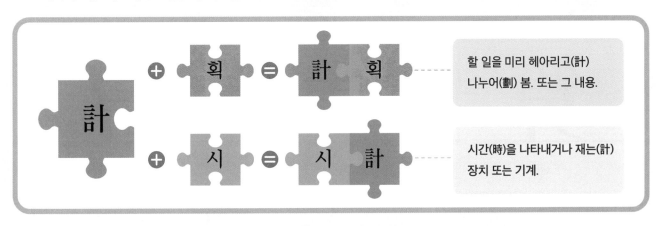

計 + 획 = 計 획 ----- 할 일을 미리 헤아리고(計) 나누어(劃) 봄. 또는 그 내용.

計 + 시 = 시 計 ----- 시간(時)을 나타내거나 재는(計) 장치 또는 기계.

✦ 여름방학을 알차게 보내기 위해 계획(計劃)을 짰습니다.

✦ 시계(時計)를 보니 어느새 4시가 되어 가고 있었습니다.

1단계 ∶ 또박또박 읽기

뜻 셈 · 소리 산

算(산)은 計(계)와 마찬가지로 '셈하다'를 뜻해요.

또박또박 읽고 색칠해 보세요.

뜻	소리	뜻+소리

셈	산	셈산
○○○	△△△	□□□

2단계 : 차근차근 쓰기

총 14획 → 算算算算算算算算算算算算算算算

算	算	算	算	算	算
셈 산	셈 산	셈 산	셈 산	셈 산	셈 산
셈 산	셈 산	셈 산	셈 ( )	셈 ( )	셈 ( )

3단계 : 두근두근 어휘력 키우기

算(산)이 들어간 문장이 자연스럽게 이어지도록 선을 그어 보세요.

짝꿍은 •　　　• 암산(暗算)을 잘합니다.

오늘 받아야 할 용돈을 •　　　• 계산(計算)해 봅니다.

· 암산(暗算): 계산기나 연필 등을 쓰지 않고 머리로 어렴풋이(暗) 셈(算)함.
· 계산(計算): 규칙에 따라 셈하여(計算) 값을 구하거나 수를 헤아림. 또는 값을 치름.

1단계 : 또박또박 읽기

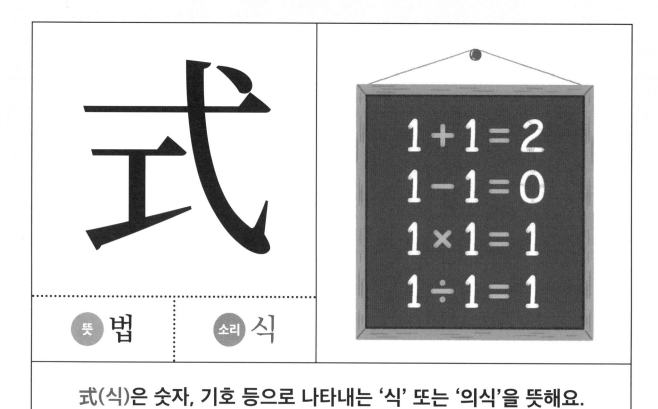

| 뜻 법 | 소리 식 |

式(식)은 숫자, 기호 등으로 나타내는 '식' 또는 '의식'을 뜻해요.

또박또박 읽고 색칠해 보세요.

| 뜻 | 소리 | 뜻+소리 |

2단계 : **차근차근 쓰기**

총 6획 ➤ 式 式 式 式 式 式

式	式	式	式	式	式
법 식	법 식	법 식	법 식	법 식	법 식
법 식	법 식	법 식	법 ( )	법 ( )	법 ( )

3단계 : **두근두근 어휘력 키우기**

式(식)이 들어간 낱말을 살펴보고 문장에서 찾아 ○ 해 보세요.

계산식
규칙에 따라
셈하여(計算) 값을
구하는 식(式).

計算
계산

式
식

結婚
결혼

결혼식
부부의 관계(婚)를
맺는(結) 의식(式).

❀ 그림을 보고 뺄셈의 계산식(計算式)을 만들었습니다.

❀ 내일은 막내 이모의 결혼식(結婚式)이 있는 날입니다.

뜻과 소리 연결하기

數부터 式까지 한자를 즐겁게 공부하는 시간이에요.
왼쪽의 한자를 잘 보고 알맞은 뜻과 소리를 찾아 연결해 보세요.

式 ·　　　· 셈 산

萬 ·　　　· 법 식

算 ·　　　· 일백 백

計 ·　　　· 셀 계

百 ·　　　· 일만 만

그림과 한자 짝짓기

數부터 式까지는 수와 관련된 한자예요.
그림을 잘 살펴보고 알맞은 한자를 찾아 연결해 보세요.

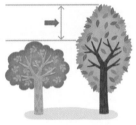

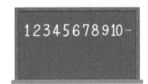

倍

千

差

數

合

1단계 : 또박또박 읽기

뜻 **내**   소리 **천**

川(천)은 강보다 작은 물줄기인 '내'를 뜻해요.

또박또박 읽고 색칠해 보세요.

뜻	소리	뜻+소리
내	천	내 천
○○○	△△△	□□□

2단계 : 차근차근 쓰기

총 3획 ▶ 川 川 川

川	川	川	川	川	川
내 천	내 천	내 천	내 천	내 천	내 천
내 천	내 천	내 천	내 ( )	내 ( )	내 ( )

3단계 : 두근두근 어휘력 키우기

川(천)이 들어간 낱말을 살펴보고 문장에서 찾아 ○ 해 보세요.

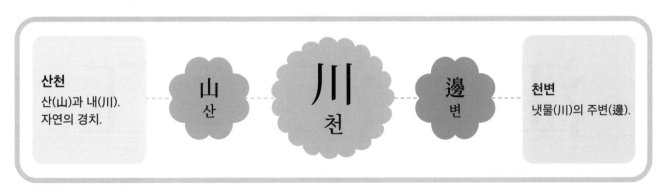

산천
산(山)과 내(川).
자연의 경치.

山
산

川
천

邊
변

천변
냇물(川)의 주변(邊).

❀ 예쁜 진달래가 온 산천(山川)에 활짝 피었습니다.

❀ 저녁을 먹고 천변(川邊)길을 따라 산책을 하였습니다.

1단계 : 또박또박 읽기

뜻 강	소리 강

江(강)은 넓고 길게 흐르는 큰 물줄기인 '강'을 뜻해요.

또박또박 읽고 색칠해 보세요.

뜻	소리	뜻+소리
강	강	강 강
○○○	△△△	□□□

2단계 : **차근차근 쓰기**

총 6획 ▶ 江 江 江 江 江 江

江	江	江	江	江	江
강 강	강 강	강 강	강 강	강 강	강 강
강 강	강 강	강 강	강 ( )	강 ( )	강 ( )

3단계 : **두근두근 어휘력 키우기**

江(강)과 다른 글자가 합쳐진 낱말을 보고 문장에서 찾아 ○ 해 보세요.

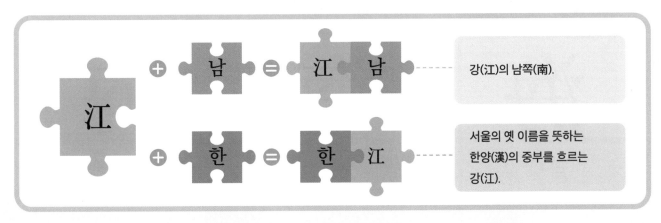

江 + 남 = 江 남 ····· 강(江)의 남쪽(南).

江 + 한 = 한 江 ····· 서울의 옛 이름을 뜻하는 한양(漢)의 중부를 흐르는 강(江).

❁ 서울의 강남(江南)에는 높은 건물들이 많습니다.

❁ 가족과 함께 한강(漢江)에서 유람선을 탔습니다.

1단계 : 또박또박 읽기

뜻 바다　　소리 해

海(해)는 '바다'를 뜻해요.

또박또박 읽고 색칠해 보세요.

뜻	소리	뜻+소리

바다	해	바다 해
○○○	△△△	□□□

2단계 : 차근차근 쓰기

총 10획 | 海海海海海海海海海海

海	海	海	海	海	海
바다 해	바다 해	바다 해	바다 해	바다 해	바다 해
바다 해	바다 해	바다 해	바다 ( )	바다 ( )	바다 ( )

3단계 : 두근두근 어휘력 키우기

海(해)가 들어간 문장이 자연스럽게 이어지도록 선을 그어 보세요.

| 해수욕(海水浴)장으로 | • | • | 즐거운 여행을 떠났습니다. |

| 엄마가 해 주신 해물(海物)탕을 | • | • | 맛있게 먹었습니다. |

· 해수욕(海水浴): 바닷물(海水) 속에 몸을 담그고(浴) 헤엄치거나 노는 일.
· 해물(海物): 바다(海)에서 나는 동식물(物).

1단계 : 또박또박 읽기

뜻 돌　　소리 석

石(석)은 바위보다는 작고 모래보다는 큰 '돌'을 뜻해요.

또박또박 읽고 색칠해 보세요.

뜻	소리	뜻+소리
石	石	石
돌	석	돌 석
○○○	△△△	□□□

2단계 : 차근차근 쓰기

총 5획 ▶ 石 石 石 石 石

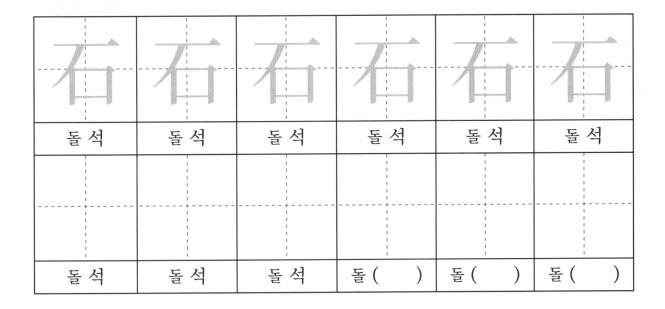

石	石	石	石	石	石
돌 석	돌 석	돌 석	돌 석	돌 석	돌 석
돌 석	돌 석	돌 석	돌 ( )	돌 ( )	돌 ( )

3단계 : 두근두근 어휘력 키우기

石(석)이 들어간 낱말을 살펴보고 문장에서 찾아 ○ 해 보세요.

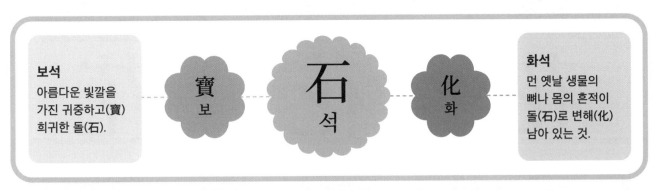

보석
아름다운 빛깔을 가진 귀중하고(寶) 희귀한 돌(石).

寶 보

石 석

化 화

화석
먼 옛날 생물의 뼈나 몸의 흔적이 돌(石)로 변해(化) 남아 있는 것.

✤ 다이아몬드 같은 보석(寶石)은 높은 값어치를 지닙니다.

✤ 공룡 발자국 화석(化石)이 발견되었습니다.

1단계 : 또박또박 읽기

뜻 꽃　소리 화

花(화)는 '꽃' 또는 '꽃을 가진 식물'을 뜻해요.

또박또박 읽고 색칠해 보세요.

뜻	소리	뜻+소리
花	花	花
꽃	화	꽃 화
○○○	△△△	□□□

2단계 : **차근차근 쓰기**

총 7획 ▶ 花花花花花花花

花	花	花	花	花	花
꽃 화	꽃 화	꽃 화	꽃 화	꽃 화	꽃 화
꽃 화	꽃 화	꽃 화	꽃 ( )	꽃 ( )	꽃 ( )

3단계 : **두근두근 어휘력 키우기**

花(화)와 다른 글자가 합쳐진 낱말을 보고 문장에서 찾아 ○ 해 보세요.

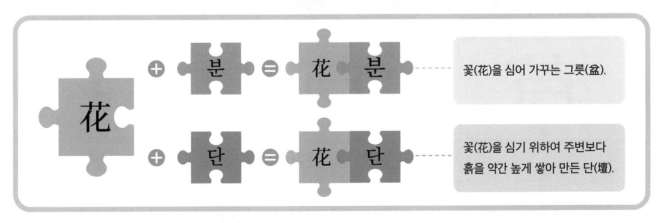

花 + 분 = 花분 ----- 꽃(花)을 심어 가꾸는 그릇(盆).

花 + 단 = 花단 ----- 꽃(花)을 심기 위하여 주변보다 흙을 약간 높게 쌓아 만든 단(壇).

❋ 친구와 함께 화분(花盆)에 물을 주었습니다.

❋ 우리 학교에는 예쁜 꽃들을 심어 놓은 화단(花壇)이 있습니다.

1단계 : 또박또박 읽기

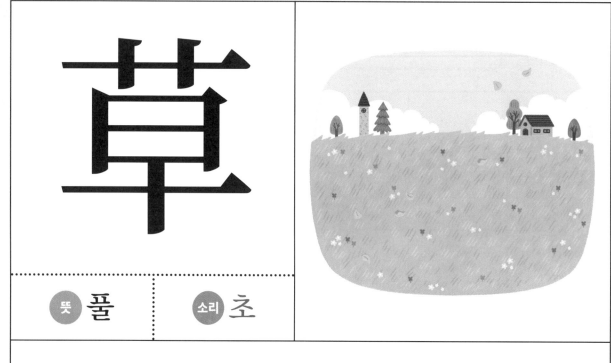

草

| 뜻 풀 | 소리 초 |

草(초)는 산이나 들, 길가 등에 자라는 '풀'을 뜻해요.

또박또박 읽고 색칠해 보세요.

뜻

草

풀

○○○

소리

草

초

△△△

뜻+소리

草

풀 초

□□□

2단계 : 차근차근 쓰기

총 9획	草 草 草 草 草 草 草 草 草

草	草	草	草	草	草
풀 초	풀 초	풀 초	풀 초	풀 초	풀 초
풀 초	풀 초	풀 초	풀 ( )	풀 ( )	풀 ( )

3단계 : 두근두근 어휘력 키우기

草(초)가 들어간 문장이 자연스럽게 이어지도록 선을 그어 보세요.

화초(花草)를	•	•	나타났습니다.

거대한 초식(草食) 공룡이	•	•	예쁘게 가꾸었습니다.

• 화초(花草): 꽃(花)이 피는 풀(草)이나 나무.
• 초식(草食): 풀(草)을 먹음(食).

1단계 : 또박또박 읽기

| 뜻 수풀 | 소리 림 |

林(림)은 '숲'을 뜻해요.

또박또박 읽고 색칠해 보세요.

뜻	소리	뜻+소리
林	林	林
수풀(숲)	림(임)	수풀 림
○○○	△△△	□□□

2단계 : 차근차근 쓰기

총 8획 ▶ 林 林 林 林 林 林 林 林

林	林	林	林	林	林
수풀 림	수풀 림	수풀 림	수풀 림	수풀 림	수풀 림
수풀 림	수풀 림	수풀 림	수풀 ( )	수풀 ( )	수풀 ( )

3단계 : 두근두근 어휘력 키우기

林(림)이 들어간 낱말을 살펴보고 문장에서 찾아 ○ 해 보세요.

산림
산(山)과 숲(林).
또는 산에 있는 숲.

山
산

林
림

密
밀

밀림
큰 나무들이
빽빽하게(密)
들어선 깊은 숲(林).

• 큰불로 산림(山林)이 훼손되는 안타까운 일이 일어났습니다.

• 울창한 밀림(密林) 속으로 탐험대가 나아갔습니다.

1단계 : 또박또박 읽기

뜻 메	소리 산

山(산)은 '산', '메(산의 옛 이름)'를 뜻해요.

또박또박 읽고 색칠해 보세요.

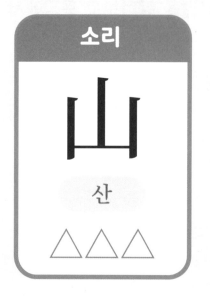

2단계 : **차근차근 쓰기**

총 3획	山 山 山

山	山	山	山	山	山
메 산	메 산	메 산	메 산	메 산	메 산
메 산	메 산	메 산	메 ( )	메 ( )	메 ( )

3단계 : **두근두근 어휘력 키우기**

山(산)과 다른 글자가 합쳐진 낱말을 보고 문장에서 찾아 ○ 해 보세요.

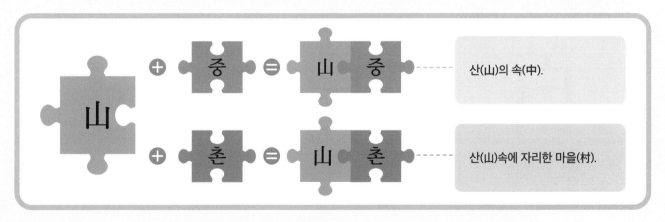

山 + 중 = 山 중 ---- 산(山)의 속(中).

山 + 촌 = 山 촌 ---- 산(山)속에 자리한 마을(村).

✦ 나무꾼이 깊은 산중(山中)에서 길을 잃었습니다.

✦ 그는 한적한 산촌(山村)에서 태어나 자랐습니다.

1단계 : **또박또박 읽기**

뜻 스스로   소리 자

自(자)는 '스스로', '자기'를 뜻해요.

또박또박 읽고 색칠해 보세요.

뜻	소리	뜻+소리

스스로	자	스스로 자
○○○	△△△	□□□

2단계 : 차근차근 쓰기

| 총 6획 | 自 | 自 | 自 | 自 | 自 | 自 |

自	自	自	自	自	自
스스로 자	스스로 자	스스로 자	스스로 자	스스로 자	스스로 자
스스로 자	스스로 자	스스로 자	스스로 ( )	스스로 ( )	스스로 ( )

3단계 : 두근두근 어휘력 키우기

自(자)가 들어간 문장이 자연스럽게 이어지도록 선을 그어 보세요.

| 출입문이 | • | • | 가지고 경기에 나섰습니다. |

| 자신감(自信感)을 | • | • | 자동(自動)으로 열렸습니다. |

· 자신감(自信感): 어떤 일을 스스로(自)의 힘으로 해낼 수 있다고 믿는(信) 마음(感).
· 자동(自動): 사람의 힘이 닿지 않아도 스스로(自) 움직임(動). 또는 어떤 절차 없이 바로 이루어지는 일.

1단계 : 또박또박 읽기

然

뜻 그러할　소리 연

然(연)은 성질이나 모양 등이 그와 같음을 뜻해요.

또박또박 읽고 색칠해 보세요.

뜻	소리	뜻+소리
然	然	然
그러할(그럴)	연	그러할 연
○○○	△△△	□□□

2단계 : 차근차근 쓰기

총 12획

然 然 然 然 然 然 然 然 然 然 然
然

然	然	然	然	然	然
그러할 연	그러할 연	그러할 연	그러할 연	그러할 연	그러할 연
그러할 연	그러할 연	그러할 연	그러할 ( )	그러할 ( )	그러할 ( )

3단계 : 두근두근 어휘력 키우기

然(연)이 들어간 낱말을 살펴보고 문장에서 찾아 ○ 해 보세요.

자연
스스로(自)
그러함(然).
사람의 도움 없이
생겨난 산, 바다,
식물 같은 것.

自
자

然
연

偶
우

우연
뜻밖에(偶) 일어난
그러한(然) 일.

- 우리 곁에는 아름다운 자연(自然)이 있습니다.
- 우연(偶然)히 골목에서 단짝을 만났습니다.

뜻과 소리 연결하기

川부터 然까지 한자를 즐겁게 공부하는 시간이에요.
왼쪽의 한자를 잘 보고 알맞은 뜻과 소리를 찾아 연결해 보세요.

然 ·   · 수풀 림

花 ·   · 그러할 연

石 ·   · 강 강

林 ·   · 돌 석

江 ·   · 꽃 화

재미있는 미로 찾기

토끼가 미로에서 꽃을 찾고 있어요.
자연과 관련된 한자를 따라 선을 그으며 미로를 통과해 보세요.

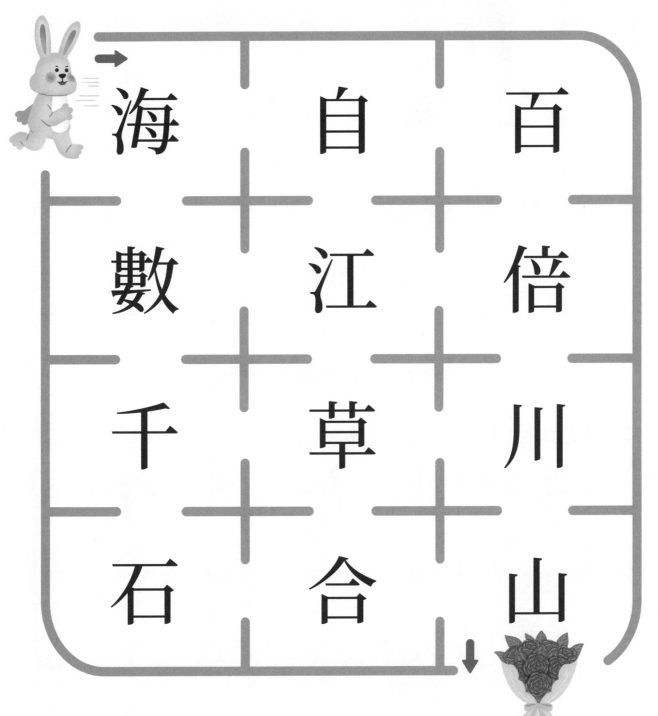

1단계 : 또박또박 읽기

뜻 클	소리 대

大(대)는 '크다', '대단하다'를 뜻해요.

또박또박 읽고 색칠해 보세요.

뜻

클

○○○

소리

대

△△△

뜻+소리

클 대

□□□

2단계 : **차근차근 쓰기**

총 3획 ▶ 大 大 大

大	大	大	大	大	大
클 대	클 대	클 대	클 대	클 대	클 대
클 대	클 대	클 대	클( )	클( )	클( )

3단계 : **두근두근 어휘력 키우기**

大(대)가 들어간 낱말을 살펴보고 문장에서 찾아 ○ 해 보세요.

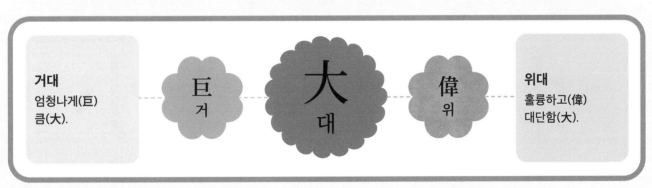

거대
엄청나게(巨)
큼(大).

巨
거

大
대

偉
위

위대
훌륭하고(偉)
대단함(大).

❋ 몸집이 거대(巨大)한 거인이 나타났습니다.

❋ 우리나라에는 위대(偉大)한 업적을 남긴 인물이 많습니다.

1단계 : 또박또박 읽기

뜻 작을	소리 소

小(소)는 '작다' 또는 '적다'를 뜻해요.

또박또박 읽고 색칠해 보세요.

58

2단계 : **차근차근 쓰기**

총 3획 ▸ | 小 小 小

小	小	小	小	小	小
작을 소	작을 소	작을 소	작을 소	작을 소	작을 소
작을 소	작을 소	작을 소	작을 ( )	작을 ( )	작을 ( )

3단계 : **두근두근 어휘력 키우기**

小(소)와 다른 글자가 합쳐진 낱말을 보고 문장에서 찾아 ○ 해 보세요.

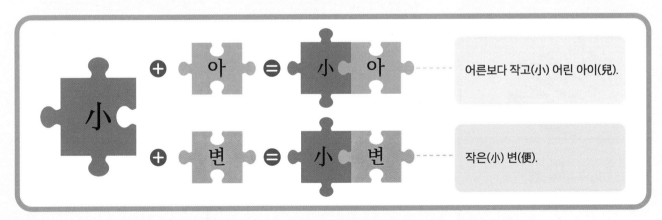

小 + 아 = 小 아 ---- 어른보다 작고(小) 어린 아이(兒).

小 + 변 = 小 변 ---- 작은(小) 변(便).

* 엄마와 함께 소아(小兒) 청소년과를 찾았습니다.
* 소변(小便)이 마려워 급히 화장실로 갔습니다.

1단계 : 또박또박 읽기

뜻 많을 | 소리 다

多(다)는 '많다'를 뜻해요.

또박또박 읽고 색칠해 보세요.

뜻

많을

○○○

소리

다

△△△

뜻+소리

많을 다

□□□

60

2단계 : 차근차근 쓰기

총 6획	多 多 多 多 多 多

多	多	多	多	多	多
많을 다	많을 다	많을 다	많을 다	많을 다	많을 다
많을 다	많을 다	많을 다	많을 ( )	많을 ( )	많을 ( )

3단계 : 두근두근 어휘력 키우기

多(다)가 들어간 문장이 자연스럽게 이어지도록 선을 그어 보세요.

아버지가 내 이름을	•	•	다정(多情)하게 부르셨습니다.
다양(多樣)한	•	•	작품들이 한데 모였습니다.

· 다정(多情): 따뜻한 정(情)이 많음(多).
· 다양(多樣): 모양(樣), 빛깔 등 여러(多) 가지인 것.

1단계 : 또박또박 읽기

少(소)는 '적다'를 뜻해요.

또박또박 읽고 색칠해 보세요.

뜻	소리	뜻+소리

적을	소	적을 소
○○○	△△△	□□□

2단계 : 차근차근 쓰기

총 4획 ▸ 小 小 小 少

少	少	少	少	少	少
적을 소	적을 소	적을 소	적을 소	적을 소	적을 소
적을 소	적을 소	적을 소	적을 ( )	적을 ( )	적을 ( )

3단계 : 두근두근 어휘력 키우기

少(소)가 들어간 낱말을 살펴보고 문장에서 찾아 ○ 해 보세요.

최소
가장(最) 적음(少).

最
최

少
소

年
년

소년
적은(少)
나이(年)의 사람.
어린 남자아이.

✿ 일회용품의 양은 최소(最少)로 줄이는 것이 좋습니다.

✿ 양치기 소년(少年)이 늑대를 보고 깜짝 놀랐습니다.

1단계 : 또박또박 읽기

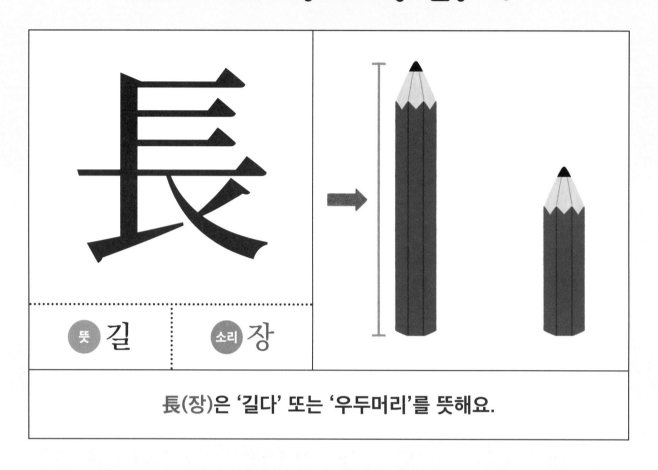

뜻 길	소리 장

長(장)은 '길다' 또는 '우두머리'를 뜻해요.

또박또박 읽고 색칠해 보세요.

2단계 : **차근차근 쓰기**

총 8획 ▶ 長 長 長 長 長 長 長 長

長	長	長	長	長	長
길 장	길 장	길 장	길 장	길 장	길 장
길 장	길 장	길 장	길 ( )	길 ( )	길 ( )

3단계 : **두근두근 어휘력 키우기**

長(장)과 다른 글자가 합쳐진 낱말을 보고 문장에서 찾아 ○ 해 보세요.

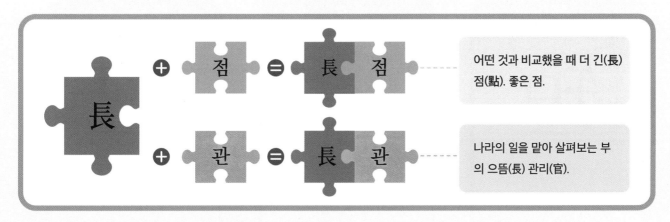

長 + 점 = 長 점 … 어떤 것과 비교했을 때 더 긴(長) 점(點). 좋은 점.

長 + 관 = 長 관 … 나라의 일을 맡아 살펴보는 부의 으뜸(長) 관리(官).

❀ 나는 단점보다 장점(長點)이 많다고 생각합니다.

❀ 우리 오빠의 꿈은 국방부 장관(長官)이 되는 것입니다.

1단계 : 또박또박 읽기

短

뜻 짧을 소리 단

短(단)은 '짧다'를 뜻해요.

또박또박 읽고 색칠해 보세요.

뜻	소리	뜻+소리
短	短	短
짧을	단	짧을 단
○○○	△△△	□□□

2단계 : **차근차근 쓰기**

총 12획 ▶ 短短短短短短短短短短短
短

短	短	短	短	短	短
짧을 단	짧을 단	짧을 단	짧을 단	짧을 단	짧을 단
짧을 단	짧을 단	짧을 단	짧을 ( )	짧을 ( )	짧을 ( )

3단계 : **두근두근 어휘력 키우기**

短(단)이 들어간 문장이 자연스럽게 이어지도록 선을 그어 보세요.

사람은 누구나 장점과 · · 단점(短點)을 가지고 있습니다.

어려운 과제를 · · 단시간(短時間)에 끝냈습니다.

• 단점(短點): 짧아서(短) 모자라거나 흠이 되는 점(點).
• 단시간(短時間): 짧은(短) 시간(時間).

1단계 : 또박또박 읽기

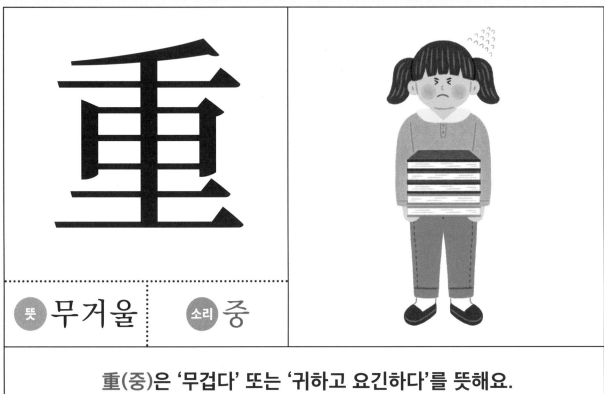

뜻 무거울　**소리** 중

重(중)은 '무겁다' 또는 '귀하고 요긴하다'를 뜻해요.

또박또박 읽고 색칠해 보세요.

뜻	소리	뜻+소리
重	重	重
무거울	중	무거울 중
○○○	△△△	□□□

2단계 : 차근차근 쓰기

총 9획 ▶ 重 重 重 重 重 重 重 重 重

重	重	重	重	重	重
무거울 중	무거울 중	무거울 중	무거울 중	무거울 중	무거울 중
무거울 중	무거울 중	무거울 중	무거울 ( )	무거울 ( )	무거울 ( )

3단계 : 두근두근 어휘력 키우기

重(중)이 들어간 낱말을 살펴보고 문장에서 찾아 ○ 해 보세요.

귀중
가치가 무겁게(重)
느껴질 만큼 매우
귀(貴)함.

貴
귀

重
중

尊
존

존중
상대를 높여(尊)
귀하고
중요(重)하게 대함.

❀ 부모님이 선물로 주신 책을 매우 귀중(貴重)히 다루었습니다.

❀ 다른 친구의 생각을 존중(尊重)하였습니다.

1단계 : 또박또박 읽기

뜻 가벼울 | 소리 경

輕(경)은 '가볍다' 또는 '가볍게 여기다'를 뜻해요.

또박또박 읽고 색칠해 보세요.

뜻	소리	뜻+소리
輕	輕	輕
가벼울	경	가벼울 경
○○○	△△△	□□□

2단계 : 차근차근 쓰기

총 14획 ▸ 輕輕亩亩車車輕輕輕輕輕 輕輕輕

輕	輕	輕	輕	輕	輕
가벼울 경	가벼울 경	가벼울 경	가벼울 경	가벼울 경	가벼울 경
가벼울 경	가벼울 경	가벼울 경	가벼울 ( )	가벼울 ( )	가벼울 ( )

3단계 : 두근두근 어휘력 키우기

輕(경)과 다른 글자가 합쳐진 낱말을 보고 문장에서 찾아 ○ 해 보세요.

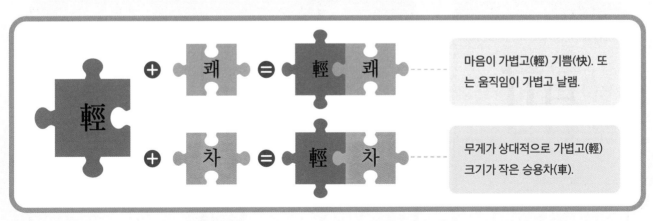

輕 + 쾌 = 輕쾌 → 마음이 가볍고(輕) 기쁨(快). 또는 움직임이 가볍고 날램.

輕 + 차 = 輕차 → 무게가 상대적으로 가볍고(輕) 크기가 작은 승용차(車).

● 경쾌(輕快)한 목소리로 신나게 노래를 불렀습니다.

● 막내 삼촌이 작고 귀여운 경차(輕車)를 끌고 나타나셨습니다.

1단계 : 또박또박 읽기

前

뜻 앞 | 소리 전

前(전)은 '앞'을 뜻해요.

또박또박 읽고 색칠해 보세요.

뜻	소리	뜻+소리

前

앞

○○○

前

전

△△△

前

앞 전

□□□

2단계 : 차근차근 쓰기

총 9획

前 前 前 前 前 前 前 前 前

前	前	前	前	前	前
앞 전	앞 전	앞 전	앞 전	앞 전	앞 전
앞 전	앞 전	앞 전	앞 ( )	앞 ( )	앞 ( )

3단계 : 두근두근 어휘력 키우기

前(전)이 들어간 문장이 자연스럽게 이어지도록 선을 그어 보세요.

아빠와 오전(午前)에	•	•	등산을 하였습니다.

| 어려움이 있어도 꿈을 향해 | • | • | 전진(前進)하였습니다. |

- 오전(午前): 낮 12시의 정오(午) 이전(前)까지. 즉, 밤 12시부터 낮 12시까지의 시간.
- 전진(前進): 앞으로(前) 나아감(進).

1단계 : 또박또박 읽기

뜻 뒤   소리 후

後(후)는 '뒤'를 뜻해요.

또박또박 읽고 색칠해 보세요.

뜻	소리	뜻+소리

뒤

○○○

후

△△△

뒤 후

□□□

2단계 : 차근차근 쓰기

총 9획 ▶ 後後後後後後後後後

後	後	後	後	後	後
뒤 후	뒤 후	뒤 후	뒤 후	뒤 후	뒤 후
뒤 후	뒤 후	뒤 후	뒤 ( )	뒤 ( )	뒤 ( )

3단계 : 두근두근 어휘력 키우기

後(후)가 들어간 낱말을 살펴보고 문장에서 찾아 ○ 해 보세요.

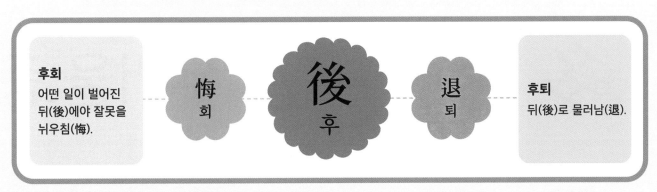

후회
어떤 일이 벌어진 뒤(後)에야 잘못을 뉘우침(悔).

悔
회

後
후

退
퇴

후퇴
뒤(後)로 물러남(退).

❁ 후회(後悔)하지 않으려면 열심히 노력해야 합니다.

❁ 적들이 우리의 공격에 모두 후퇴(後退)하였습니다.

뜻과 소리 연결하기

大부터 後까지 한자를 즐겁게 공부하는 시간이에요.
왼쪽의 한자를 잘 보고 알맞은 뜻과 소리를 찾아 연결해 보세요.

小 ·   · 뒤 후

後 ·   · 많을 다

重 ·   · 길 장

多 ·   · 무거울 중

長 ·   · 작을 소

76

알맞은 낱말 색칠하기

두근두근 낱말 하트예요.
大부터 後까지 비교 한자가 들어간 하트를 찾아 색칠해 보세요.

前진   千자문   計획

輕차   草식

少년   自신감   거大

보石   合체

1단계 : 또박또박 읽기

時(시)는 '때' 또는 60분이 모인 '시'를 뜻해요.

또박또박 읽고 색칠해 보세요.

뜻	소리	뜻+소리

2단계 : 차근차근 쓰기

총 10획 時 時 時 時 時 時 時 時 時 時

時	時	時	時	時	時
때 시	때 시	때 시	때 시	때 시	때 시
때 시	때 시	때 시	때 ( )	때 ( )	때 ( )

3단계 : 두근두근 어휘력 키우기

時(시)가 들어간 낱말을 살펴보고 문장에서 찾아 ○ 해 보세요.

시간표
시간(時間)을 나누어서 시간대별로 할 일 등을 적어 놓은 표(表).

間表
간표

時
시

刻
각

시각
때(時)를 나타내기 위해 새긴(刻) 점. 시간의 어느 한 시점.

❀ 수업 시간표(時間表)를 보고 교과서를 준비하였습니다.

❀ 친구와 약속한 시각(時刻)을 잘 기억하였습니다.

1단계 : 또박또박 읽기

뜻 나눌　소리 분

分(분)은 '나누다' 또는 60초가 모인 '분'을 뜻해요.

또박또박 읽고 색칠해 보세요.

뜻	소리	뜻+소리
分	分	分
나눌	분	나눌 분
○○○	△△△	□□□

2단계 : 차근차근 쓰기

총 4획 ▶ 分 分 分 分

分	分	分	分	分	分
나눌 분	나눌 분	나눌 분	나눌 분	나눌 분	나눌 분
나눌 분	나눌 분	나눌 분	나눌 ( )	나눌 ( )	나눌 ( )

3단계 : 두근두근 어휘력 키우기

分(분)과 다른 글자가 합쳐진 낱말을 보고 문장에서 찾아 ○ 해 보세요.

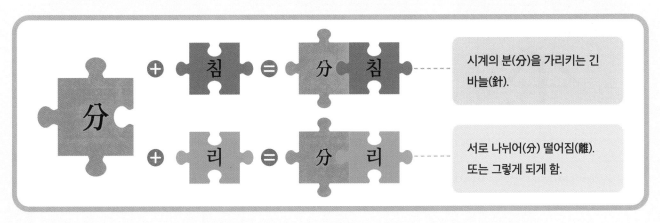

分 + 침 = 分 침 ---- 시계의 분(分)을 가리키는 긴 바늘(針).

分 + 리 = 分 리 ---- 서로 나뉘어(分) 떨어짐(離). 또는 그렇게 되게 함.

＊ 시계의 분침(分針)이 '12'를 가리키고 있습니다.

＊ 환경 보호를 위해 재활용품을 분리(分離)수거해야 합니다.

1단계 : 또박또박 읽기

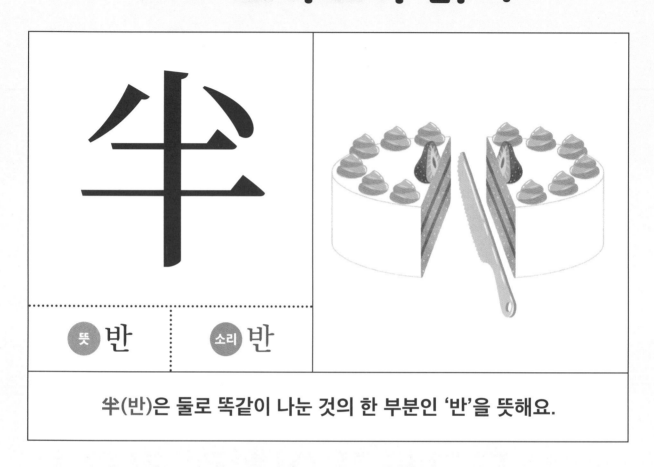

뜻 반　　소리 반

半(반)은 둘로 똑같이 나눈 것의 한 부분인 '반'을 뜻해요.

또박또박 읽고 색칠해 보세요.

뜻	소리	뜻+소리

반

○○○

반

△△△

반반

□□□

2단계 : **차근차근 쓰기**

총 5획 ▶ 半 半 半 半 半

半	半	半	半	半	半
반 반	반 반	반 반	반 반	반 반	반 반
반 반	반 반	반 반	반 ( )	반 ( )	반 ( )

3단계 : **두근두근 어휘력 키우기**

半(반)이 들어간 문장이 자연스럽게 이어지도록 선을 그어 보세요.

먹음직스러운 빵을 •	• 그 사람을 만나지 못하였습니다.
반년(半年) 동안이나 •	• 절반(折半)으로 나누었습니다.

· 반년(半年): 한 해(年)의 반(半)인 여섯 달.
· 절반(折半): 어떤 것을 둘로 똑같이 꺾어(折) 나눈 것 중 하나인 반(半).

1단계 : 또박또박 읽기

| 뜻 아침 | 소리 조 |

朝(조)는 '아침'을 뜻해요.

또박또박 읽고 색칠해 보세요.

뜻	소리	뜻+소리
朝	朝	朝
아침	조	아침 조
○○○	△△△	□□□

2단계 : 차근차근 쓰기

총 12획

朝朝朝朝朝朝朝朝朝朝朝
朝

朝	朝	朝	朝	朝	朝
아침 조	아침 조	아침 조	아침 조	아침 조	아침 조
아침 조	아침 조	아침 조	아침 ( )	아침 ( )	아침 ( )

3단계 : 두근두근 어휘력 키우기

朝(조)가 들어간 낱말을 살펴보고 문장에서 찾아 ○ 해 보세요.

조선
1392년에 태조 이성계가 세운 우리 민족의 나라(朝鮮).

鮮
선

朝
조

食
식

조식
아침(朝) 끼니로 먹는 밥(食).

❀ 경복궁은 조선(朝鮮) 시대에 세워진 궁궐입니다.

❀ 일찍 일어나서 조식(朝食)을 맛있게 먹었습니다.

1단계 ┊ 또박또박 읽기

午

뜻 낮   소리 오

午(오)는 '낮' 또는 낮의 한가운데인 '정오'를 뜻해요.

또박또박 읽고 색칠해 보세요.

뜻	소리	뜻+소리
午	午	午
낮	오	낮 오
○○○	△△△	□□□

2단계 : 차근차근 쓰기

총 4획 ▶ 午 午 午 午

午	午	午	午	午	午
낮 오	낮 오	낮 오	낮 오	낮 오	낮 오
낮 오	낮 오	낮 오	낮 ( )	낮 ( )	낮 ( )

3단계 : 두근두근 어휘력 키우기

午(오)와 다른 글자가 합쳐진 낱말을 보고 문장에서 찾아 ○ 해 보세요.

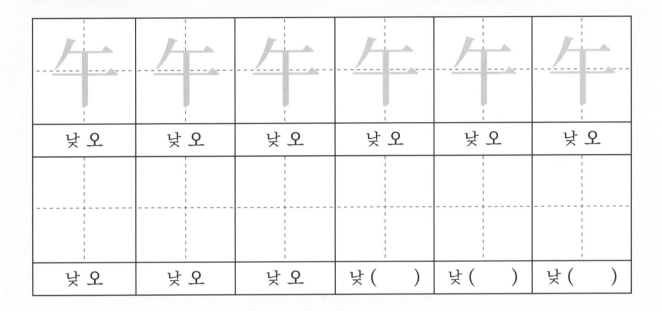

午 + 후 = 午 후 ----- 낮 12시(午) 이후(後)부터 밤 12시까지의 시간.

午 + 정 = 정 午 ----- 낮 12시(正午).

* 오후(午後)부터 차차 날이 개기 시작하였습니다.
* 정오(正午)가 되면 다 같이 점심을 먹습니다.

1단계 : 또박또박 읽기

| 뜻 저녁 | 소리 석 |

夕(석)은 '저녁'을 뜻해요.

또박또박 읽고 색칠해 보세요.

2단계 : **차근차근 쓰기**

총 3획 ▶ 夕 夕 夕

夕	夕	夕	夕	夕	夕
저녁 석	저녁 석	저녁 석	저녁 석	저녁 석	저녁 석
저녁 석	저녁 석	저녁 석	저녁 ( )	저녁 ( )	저녁 ( )

3단계 : **두근두근 어휘력 키우기**

夕(석)이 들어간 문장이 자연스럽게 이어지도록 선을 그어 보세요.

하늘에 붉은	•	•	석양(夕陽)이 깔렸습니다.

견우와 직녀가 만난다는	•	•	칠석(七夕)날이 되었습니다.

· 석양(夕陽): 저녁(夕) 때의 햇빛(陽).
· 칠석(七夕): 칠월의 일곱째(七) 되는 날의 저녁(夕). 음력 7월 7일.

1단계 : 또박또박 읽기

뜻 낮 소리 주

晝(주)는 '낮'을 뜻해요.

또박또박 읽고 색칠해 보세요.

뜻	소리	뜻+소리

낮

○○○

주

△△△

낮 주

□□□

2단계 : **차근차근 쓰기**

총 11획 ▶ 晝 晝 晝 晝 晝 晝 晝 晝 晝 晝 晝

晝	晝	晝	晝	晝	晝
낮 주	낮 주	낮 주	낮 주	낮 주	낮 주
낮 주	낮 주	낮 주	낮 ( )	낮 ( )	낮 ( )

3단계 : **두근두근 어휘력 키우기**

晝(주)가 들어간 낱말을 살펴보고 문장에서 찾아 ○ 해 보세요.

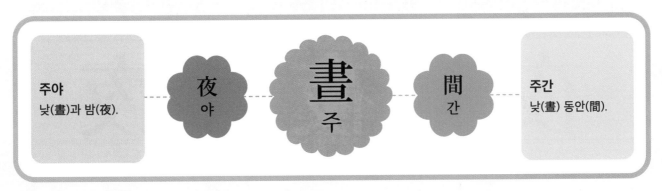

주야
낮(晝)과 밤(夜).

夜
야

晝
주

間
간

주간
낮(晝) 동안(間).

❋ 주야(晝夜)로 고생하시는 부모님을 보니 마음이 아팠습니다.

❋ 아버지는 주간(晝間)에만 일을 하십니다.

1단계 : 또박또박 읽기

뜻 밤　　소리 야

夜(야)는 '밤'을 뜻해요.

또박또박 읽고 색칠해 보세요.

뜻	소리	뜻+소리

夜
밤
○○○

夜
야
△△△

夜
밤 야
□□□

2단계 : 차근차근 쓰기

총 8획

夜夜夜夜夜夜夜夜

夜	夜	夜	夜	夜	夜
밤 야	밤 야	밤 야	밤 야	밤 야	밤 야
밤 야	밤 야	밤 야	밤 ( )	밤 ( )	밤 ( )

3단계 : 두근두근 어휘력 키우기

夜(야)와 다른 글자가 합쳐진 낱말을 보고 문장에서 찾아 ○ 해 보세요.

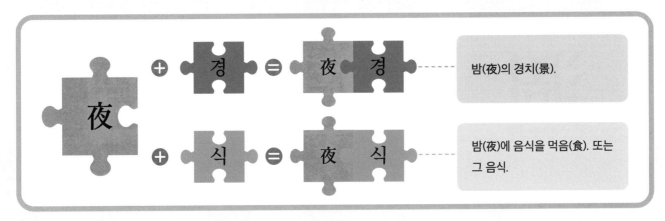

夜 + 경 = 夜 경 ----- 밤(夜)의 경치(景).

夜 + 식 = 夜 식 ----- 밤(夜)에 음식을 먹음(食). 또는 그 음식.

* 야경(夜景)을 보러 전망대에 올랐습니다.
* 밤늦게 야식(夜食)을 먹는 것은 몸에 좋지 않습니다.

93

1단계 : 또박또박 읽기

뜻 돌　　소리 주

週(주)는 '주기' 또는 '회전하다'를 뜻해요.

또박또박 읽고 색칠해 보세요.

뜻	소리	뜻+소리
週	週	週
돌	주	돌 주
○○○	△△△	□□□

2단계 : 차근차근 쓰기

총 12획

週 週 週 週 週 週 週 週 週 週 週
週

週	週	週	週	週	週
돌 주	돌 주	돌 주	돌 주	돌 주	돌 주
돌 주	돌 주	돌 주	돌 ( )	돌 ( )	돌 ( )

3단계 : 두근두근 어휘력 키우기

週(주)가 들어간 문장이 자연스럽게 이어지도록 선을 그어 보세요.

개학한 지	•	•	일주일(一週日)이 되었습니다.

이번 주말(週末)에	•	•	가족과 캠핑을 갑니다.

· 일주일(一週日): 한(一) 주일(週日) 동안. 7일 간.
· 주말(週末): 한 주일(週)의 끝(末).

1단계 ┊ 또박또박 읽기

年	
뜻 해	소리 연

年(연)은 '해', '열두 달'을 뜻해요.

또박또박 읽고 색칠해 보세요.

뜻

年

해

○○○

소리

年

연(년)

△△△

뜻+소리

年

해 연

□□□

2단계 : 차근차근 쓰기

총 6획 ▶ 年 年 年 年 年 年

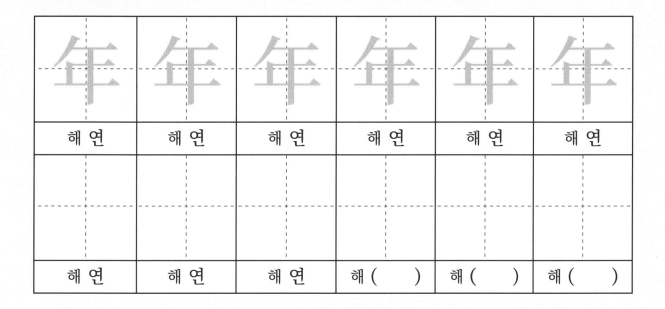

해 연	해 연	해 연	해 연	해 연	해 연
해 연	해 연	해 연	해 ( )	해 ( )	해 ( )

3단계 : 두근두근 어휘력 키우기

年(연)이 들어간 낱말을 살펴보고 문장에서 찾아 ○ 해 보세요.

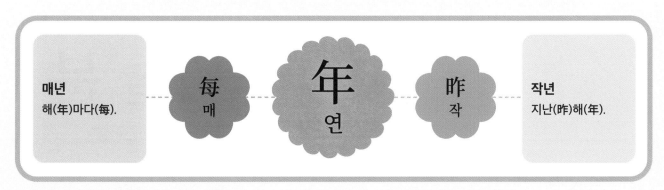

매년
해(年)마다(每).

每
매

年
연

昨
작

작년
지난(昨)해(年).

* 우리 가족은 매년(每年) 바다로 여행을 떠납니다.
* 작년(昨年) 여름은 올해 여름보다 더웠습니다.

뜻과 소리 연결하기

時부터 年까지 한자를 즐겁게 공부하는 시간이에요.
왼쪽의 한자를 잘 보고 알맞은 뜻과 소리를 찾아 연결해 보세요.

午 •

週 •

時 •

分 •

夜 •

• 돌 주

• 때 시

• 밤 야

• 나눌 분

• 낮 오

그림과 한자 짝짓기

時부터 年까지는 시간과 관련된 한자예요.
그림을 잘 살펴보고 알맞은 한자를 찾아 연결해 보세요.

夕

朝

半

晝

年

1단계 : 또박또박 읽기

뜻 봄　소리 춘

春(춘)은 한 해의 첫째 철인 '봄'을 뜻해요.

또박또박 읽고 색칠해 보세요.

뜻	소리	뜻+소리
春	春	春
봄	춘	봄 춘
○○○	△△△	□□□

2단계 : 차근차근 쓰기

총 9획 → 春 春 春 春 春 春 春 春 春

春	春	春	春	春	春
봄 춘	봄 춘	봄 춘	봄 춘	봄 춘	봄 춘
봄 춘	봄 춘	봄 춘	봄 ( )	봄 ( )	봄 ( )

3단계 : 두근두근 어휘력 키우기

春(춘)이 들어간 낱말을 살펴보고 문장에서 찾아 ○ 해 보세요.

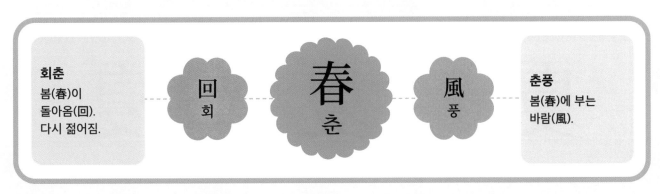

회춘
봄(春)이
돌아옴(回).
다시 젊어짐.

回
회

春
춘

風
풍

춘풍
봄(春)에 부는
바람(風).

✤ 할머니가 새 옷을 입고 회춘(回春)하셨습니다.

✤ 따뜻한 춘풍(春風)이 불어왔습니다.

1단계 : 또박또박 읽기

뜻 여름   **소리** 하

夏(하)는 한 해의 둘째 철인 '여름'을 뜻해요.

또박또박 읽고 색칠해 보세요.

뜻	소리	뜻+소리
夏	夏	夏
여름	하	여름 하
○ ○ ○	△ △ △	□ □ □

2단계 : 차근차근 쓰기

총 10획 ▶ 夏 夏 夏 夏 夏 夏 夏 夏 夏 夏

夏	夏	夏	夏	夏	夏
여름 하	여름 하	여름 하	여름 하	여름 하	여름 하
여름 하	여름 하	여름 하	여름 ( )	여름 ( )	여름 ( )

3단계 : 두근두근 어휘력 키우기

夏(하)와 다른 글자가 합쳐진 낱말을 보고 문장에서 찾아 ○ 해 보세요.

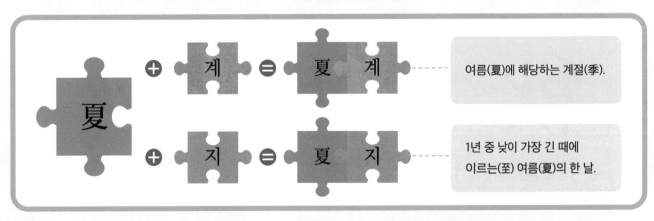

夏 + 계 = 夏계 ┈ 여름(夏)에 해당하는 계절(季).

夏 + 지 = 夏지 ┈ 1년 중 낮이 가장 긴 때에 이르는(至) 여름(夏)의 한 날.

* 하계(夏季) 올림픽에 여러 나라가 참가하였습니다.
* 하지(夏至)가 되니 낮이 몹시 길어졌습니다.

1단계 : 또박또박 읽기

뜻 가을　소리 추

秋(추)는 한 해의 셋째 철인 '가을'을 뜻해요.

또박또박 읽고 색칠해 보세요.

뜻	소리	뜻+소리
秋	秋	秋
가을	추	가을 추
○○○	△△△	□□□

2단계 : 차근차근 쓰기

총 9획 秋秋秋秋秋秋秋秋秋

秋	秋	秋	秋	秋	秋
가을 추	가을 추	가을 추	가을 추	가을 추	가을 추
가을 추	가을 추	가을 추	가을 ( )	가을 ( )	가을 ( )

3단계 : 두근두근 어휘력 키우기

秋(추)가 들어간 문장이 자연스럽게 이어지도록 선을 그어 보세요.

추수(秋收)를 끝낸 농부들이	•	•	사람들이 많습니다.
추석(秋夕)을 맞아 고향으로 가는	•	•	환하게 웃었습니다.

· 추수(秋收): 가을(秋)에 익은 곡식을 거두어(收)들임.
· 추석(秋夕): 가을(秋) 저녁(夕)의 달. 음력 8월 15일의 명절.

1단계 : 또박또박 읽기

뜻 겨울　소리 동

冬(동)은 한 해의 넷째 철인 '겨울'을 뜻해요.

또박또박 읽고 색칠해 보세요.

뜻	소리	뜻+소리
冬	冬	冬
겨울	동	겨울 동
○○○	△△△	□□□

2단계 : **차근차근 쓰기**

총 5획 冬 冬 冬 冬 冬

冬	冬	冬	冬	冬	冬
겨울 동	겨울 동	겨울 동	겨울 동	겨울 동	겨울 동
겨울 동	겨울 동	겨울 동	겨울 ( )	겨울 ( )	겨울 ( )

3단계 : **두근두근 어휘력 키우기**

冬(동)이 들어간 낱말을 살펴보고 문장에서 찾아 ○ 해 보세요.

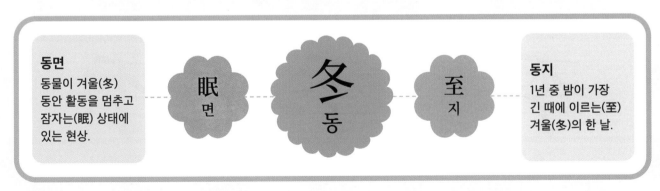

동면
동물이 겨울(冬) 동안 활동을 멈추고 잠자는(眠) 상태에 있는 현상.

眠 면 　　 冬 동 　　 至 지

동지
1년 중 밤이 가장 긴 때에 이르는(至) 겨울(冬)의 한 날.

❀ 먹이가 부족한 겨울 동안 곰은 동면(冬眠)에 들어갑니다.

❀ 동지(冬至)에는 맛있는 팥죽을 먹습니다.

1단계 : 또박또박 읽기

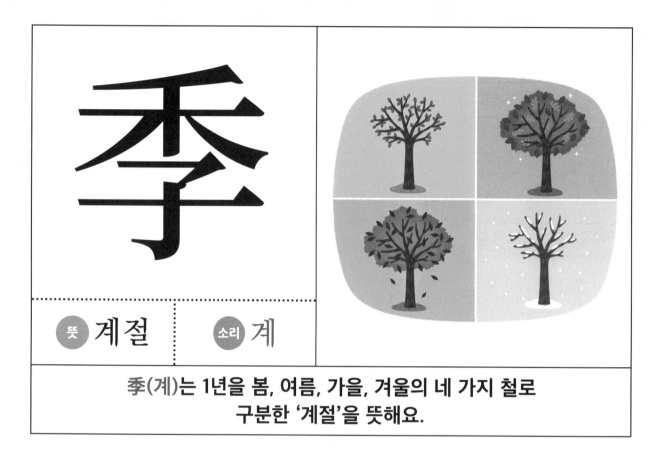

뜻 계절 소리 계

季(계)는 1년을 봄, 여름, 가을, 겨울의 네 가지 철로
구분한 '계절'을 뜻해요.

또박또박 읽고 색칠해 보세요.

뜻	소리	뜻+소리
季	季	季
계절	계	계절 계
○○○	△△△	□□□

2단계 : 차근차근 쓰기

총 8획 ▶ 季 季 季 季 季 季 季 季

季	季	季	季	季	季
계절 계	계절 계	계절 계	계절 계	계절 계	계절 계
계절 계	계절 계	계절 계	계절 ( )	계절 ( )	계절 ( )

3단계 : 두근두근 어휘력 키우기

季(계)와 다른 글자가 합쳐진 낱말을 보고 문장에서 찾아 ○ 해 보세요.

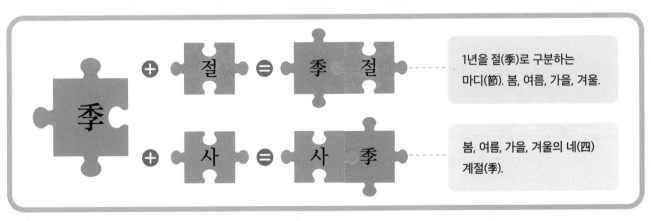

1년을 절(季)로 구분하는 마디(節). 봄, 여름, 가을, 겨울.

봄, 여름, 가을, 겨울의 네(四) 계절(季).

❋ 가을은 책 읽기 좋은 계절(季節)입니다.

❋ 우리나라는 사계(四季)가 뚜렷한 편입니다.

1단계 : 또박또박 읽기

뜻 옷	소리 의

衣(의)는 몸 위에 입는 '옷'을 뜻해요.

또박또박 읽고 색칠해 보세요.

뜻

옷

○○○

소리

의

△△△

뜻+소리

옷 의

□□□

2단계 : 차근차근 쓰기

총 6획

衣 衣 衣 衣 衣 衣

衣	衣	衣	衣	衣	衣
옷 의	옷 의	옷 의	옷 의	옷 의	옷 의
옷 의	옷 의	옷 의	옷 ( )	옷 ( )	옷 ( )

3단계 : 두근두근 어휘력 키우기

衣(의)가 들어간 문장이 자연스럽게 이어지도록 선을 그어 보세요.

백화점 6층에는	•	•	어울리는 상의를 찾았습니다.

예쁜 하의(下衣)에	•	•	아동 의류(衣類)가 있습니다.

· 하의(下衣): 몸의 아랫(下) 부분에 입는 옷(衣).
· 의류(衣類): 옷(衣)으로 입을 수 있는 종류(類)를 통틀어 이르는 말.

1단계 : 또박또박 읽기

뜻 먹을　　소리 식

食(식)은 '밥' 또는 '먹다'를 뜻해요.

또박또박 읽고 색칠해 보세요.

뜻	소리	뜻+소리

먹을	식	먹을 식
○○○	△△△	□□□

2단계 : 차근차근 쓰기

총 9획 ▶ 食 食 食 食 食 食 食 食 食

食	食	食	食	食	食
먹을 식	먹을 식	먹을 식	먹을 식	먹을 식	먹을 식
먹을 식	먹을 식	먹을 식	먹을 ( )	먹을 ( )	먹을 ( )

3단계 : 두근두근 어휘력 키우기

食(식)이 들어간 낱말을 살펴보고 문장에서 찾아 ○ 해 보세요.

식당
손님이 먹도록(食)
음식을 만들어 파는
가게(堂).
또는 먹는 장소.

堂
당

食
식

後景
후경

식후경
밥을 먹은(食)
뒤(後)에
경치(景)를 봄.

- 식당(食堂)에서 맛있는 밥을 시켜 먹었습니다.
- '금강산도 식후경(食後景)'이라는 속담이 있습니다.

113

1단계 : 또박또박 읽기

뜻 살 | 소리 주

住(주)는 '어떤 곳에 머무르며 살다'를 뜻해요.

또박또박 읽고 색칠해 보세요.

뜻	소리	뜻+소리
住	住	住
살	주	살 주
○○○	△△△	□□□

2단계 : 차근차근 쓰기

| 총 7획 | 住 住 住 住 住 住 住 |

住	住	住	住	住	住
살 주	살 주	살 주	살 주	살 주	살 주
살 주	살 주	살 주	살 ( )	살 ( )	살 ( )

3단계 : 두근두근 어휘력 키우기

住(주)와 다른 글자가 합쳐진 낱말을 보고 문장에서 찾아 ○ 해 보세요.

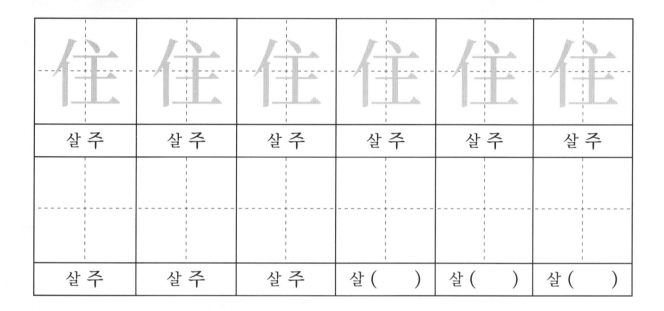

住 + 택 = 住택 ········ 사람이 들어가 살(住) 수 있게 지은 집(宅).

住 + 민 = 住민 ········ 어떤 곳에 머물며 살고(住) 있는 사람(民).

* 우리 가족은 단독 주택(住宅)에 살고 있습니다.
* 아파트의 주민(住民)들이 서로 반갑게 인사를 합니다.

1단계 : 또박또박 읽기

생

뜻 날   소리 생

生(생)은 '나다', '낳다', 또는 '살다'를 뜻해요.

또박또박 읽고 색칠해 보세요.

뜻	소리	뜻+소리
生	生	生
날	생	날 생
○○○	△△△	□□□

2단계 : 차근차근 쓰기

총 5획 ▶ 生 生 生 生 生

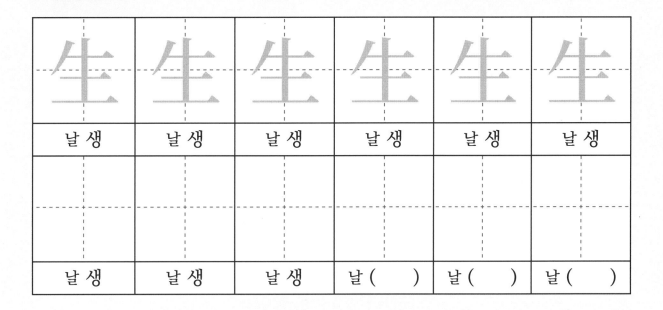

生	生	生	生	生	生
날 생	날 생	날 생	날 생	날 생	날 생
날 생	날 생	날 생	날 ( )	날 ( )	날 ( )

3단계 : 두근두근 어휘력 키우기

生(생)이 들어간 문장이 자연스럽게 이어지도록 선을 그어 보세요.

사랑하는 나의 •

• 동생(同生)이 자고 있습니다.

우리 선생(先生)님은 •

• 따뜻하고 자상하십니다.

· 동생(同生): 같은(同) 어머니에게서 태어난(生) 아우를 일컫는 말.
· 선생(先生): 먼저(先) 태어남(生). 학생을 가르치는 사람.

1단계 : 또박또박 읽기

뜻 살　　소리 활

活(활)은 '살다'를 뜻해요.

또박또박 읽고 색칠해 보세요.

뜻	소리	뜻+소리

살	활	살 활
○○○	△△△	□□□

2단계 : **차근차근 쓰기**

총 9획 | 活 活 活 活 活 活 活 活 活

活	活	活	活	活	活
살 활	살 활	살 활	살 활	살 활	살 활
살 활	살 활	살 활	살 ( )	살 ( )	살 ( )

3단계 : **두근두근 어휘력 키우기**

活(활)이 들어간 낱말을 살펴보고 문장에서 찾아 ○ 해 보세요.

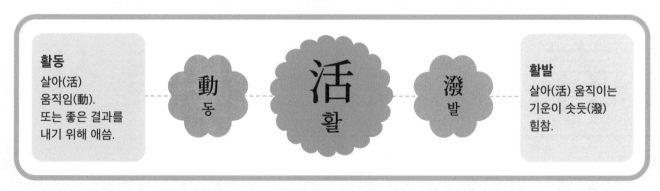

활동
살아(活)
움직임(動).
또는 좋은 결과를
내기 위해 애씀.

動 동

活 활

潑 발

활발
살아(活) 움직이는
기운이 솟듯(潑)
힘참.

❋ 선생님의 말씀에 따라 모둠 활동(活動)을 시작하였습니다.

❋ 아이들이 운동장에서 활발(活潑)하게 뛰어다닙니다.

뜻과 소리 연결하기

春부터 活까지 한자를 즐겁게 공부하는 시간이에요.
왼쪽의 한자를 잘 보고 알맞은 뜻과 소리를 찾아 연결해 보세요.

食 · · 봄 춘

季 · · 겨울 동

生 · · 계절 계

春 · · 먹을 식

冬 · · 날 생

재미있는 미로 찾기

남자아이가 미로에서 연못을 찾고 있어요.
계절과 관련된 한자를 따라 선을 그으며 미로를 통과해 보세요.

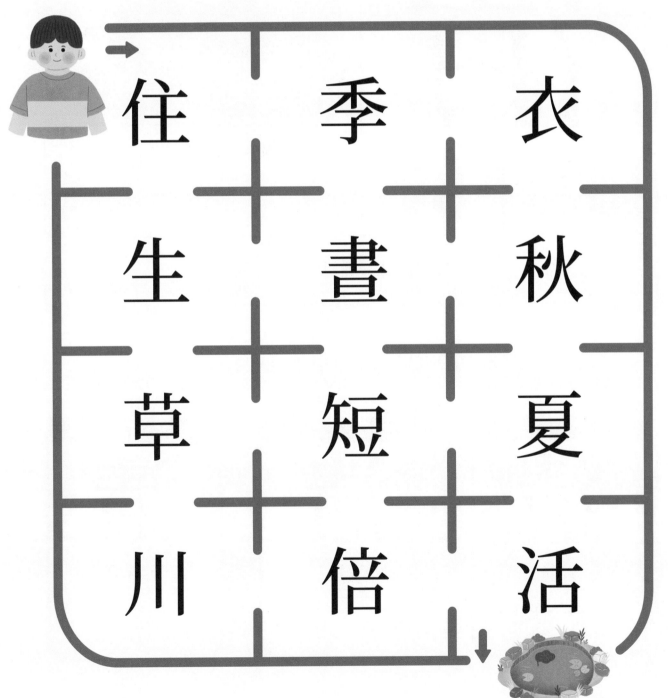

1단계 또박또박 읽기

뜻 맑을	소리 청

清(청)은 '맑다', '깨끗하다'를 뜻해요.

또박또박 읽고 색칠해 보세요.

뜻	소리	뜻+소리
清	清	清
맑을	청	맑을 청
○○○	△△△	□□□

2단계 : 차근차근 쓰기

총 11획 清清清清清清清清清清清

清	清	清	清	清	清
맑을 청	맑을 청	맑을 청	맑을 청	맑을 청	맑을 청
맑을 청	맑을 청	맑을 청	맑을 ( )	맑을 ( )	맑을 ( )

3단계 : 두근두근 어휘력 키우기

清(청)이 들어간 낱말을 살펴보고 문장에서 찾아 ○ 해 보세요.

청결
지저분한 것을
없애 맑고(清)
깨끗함(潔).

潔
결

清
청

掃
소

청소
먼지나 더러운
것들을 깨끗하게(清)
쓸어(掃) 냄.

◈ 손이 청결(清潔)해야 감기에 걸리지 않습니다.

◈ 창문을 활짝 열고 열심히 청소(清掃)하였습니다.

1단계 : 또박또박 읽기

明

뜻 밝을　소리 명

明(명)은 해와 달을 함께 나타낸 글자로, '밝다'를 뜻해요.

또박또박 읽고 색칠해 보세요.

뜻	소리	뜻+소리
明	明	明
밝을	명	밝을 명
○○○	△△△	□□□

2단계 : 차근차근 쓰기

총 8획 明 明 明 明 明 明 明 明

明	明	明	明	明	明
밝을 명	밝을 명	밝을 명	밝을 명	밝을 명	밝을 명
밝을 명	밝을 명	밝을 명	밝을 ( )	밝을 ( )	밝을 ( )

3단계 : 두근두근 어휘력 키우기

明(명)과 다른 글자가 합쳐진 낱말을 보고 문장에서 찾아 ○ 해 보세요.

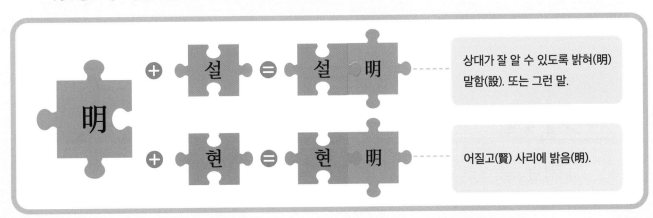

明 + 설 = 설 明 ---- 상대가 잘 알 수 있도록 밝혀(明) 말함(設). 또는 그런 말.

+ 현 = 현 明 ---- 어질고(賢) 사리에 밝음(明).

* 선생님이 질문을 듣고 친절히 설명(說明)해 주셨습니다.
* 어려운 상황에서도 현명(賢明)하게 행동하였습니다.

125

1단계 : 또박또박 읽기

뜻 기운 　 **소리** 기

氣(기)는 '기운', '공기', 또는 '날씨'를 뜻해요.

또박또박 읽고 색칠해 보세요.

뜻	소리	뜻+소리
氣	氣	氣
기운	기	기운 기
○○○	△△△	□□□

2단계 : 차근차근 쓰기

총 10획 氣 氣 氣 氣 氣 氣 氣 氣 氣 氣

氣	氣	氣	氣	氣	氣
기운 기	기운 기	기운 기	기운 기	기운 기	기운 기
기운 기	기운 기	기운 기	기운 ( )	기운 ( )	기운 ( )

3단계 : 두근두근 어휘력 키우기

氣(기)가 들어간 문장이 자연스럽게 이어지도록 선을 그어 보세요.

맑은 공기(空氣)를 • • 마시며 자전거를 탔습니다.

길가에 피어 있는 꽃에서 • • 좋은 향기(香氣)가 났습니다.

· 공기(空氣): 지구를 크게 둘러싸고 있는 하늘(空) 가득한 기체(氣).
· 향기(香氣): 향긋한(香) 기운(氣). 꽃 등에서 나는 기분 좋은 냄새.

1단계 : 또박또박 읽기

風

| 뜻 바람 | 소리 풍 |

風(풍)은 '바람' 또는 '한때의 유행이나 분위기'를 뜻해요.

또박또박 읽고 색칠해 보세요.

뜻	소리	뜻+소리
風	風	風
바람	풍	바람 풍
○○○	△△△	□□□

2단계 : **차근차근 쓰기**

총 9획 ▶ 風 風 風 風 風 風 風 風 風

風	風	風	風	風	風
바람 풍	바람 풍	바람 풍	바람 풍	바람 풍	바람 풍
바람 풍	바람 풍	바람 풍	바람 ( )	바람 ( )	바람 ( )

3단계 : **두근두근 어휘력 키우기**

風(풍)이 들어간 낱말을 살펴보고 문장에서 찾아 ○ 해 보세요.

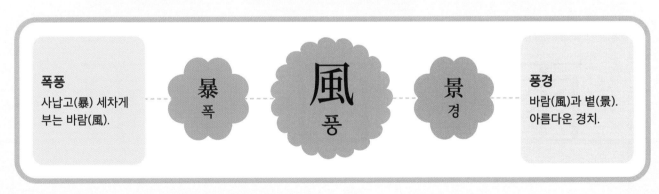

폭풍
사납고(暴) 세차게 부는 바람(風).

暴
폭

風
풍

景
경

풍경
바람(風)과 볕(景).
아름다운 경치.

❀ 갑자기 폭풍(暴風)이 불어닥쳤습니다.

❀ 창밖으로 아름다운 풍경(風景)이 펼쳐졌습니다.

1단계 : 또박또박 읽기

뜻 비　소리 우

雨(우)는 '비'를 뜻해요.

또박또박 읽고 색칠해 보세요.

뜻

비

○○○

소리

우

△△△

뜻+소리

비 우

□□□

2단계 : **차근차근 쓰기**

총 8획

雨 雨 雨 雨 雨 雨 雨 雨

雨	雨	雨	雨	雨	雨
비 우	비 우	비 우	비 우	비 우	비 우
비 우	비 우	비 우	비 ( )	비 ( )	비 ( )

3단계 : **두근두근 어휘력 키우기**

雨(우)와 다른 글자가 합쳐진 낱말을 보고 문장에서 찾아 ○ 해 보세요.

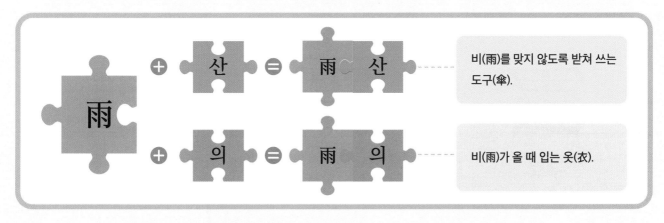

* 비가 많이 와서 우산(雨傘)을 썼습니다.
* 노란 우의(雨衣)를 입고 길을 걸었습니다.

1단계 또박또박 읽기

뜻 구름 소리 운

雲(운)은 하늘에 떠 있는 '구름'을 뜻해요.

또박또박 읽고 색칠해 보세요.

뜻

구름

○○○

소리

운

△△△

뜻+소리

구름 운

□□□

2단계 : 차근차근 쓰기

총 12획 ▶ 雲雲雲雲雲雲雲雲雲雲雲雲雲

雲	雲	雲	雲	雲	雲
구름 운	구름 운	구름 운	구름 운	구름 운	구름 운
구름 운	구름 운	구름 운	구름 ( )	구름 ( )	구름 ( )

3단계 : 두근두근 어휘력 키우기

雲(운)이 들어간 문장이 자연스럽게 이어지도록 선을 그어 보세요.

그는 널리 알려진 •

• 감돌기 시작하였습니다.

서서히 전운(戰雲)이 •

• 풍운아(風雲兒)였습니다.

- 전운(戰雲): 전쟁(戰)이나 전투가 벌어지려는 살기 띤 형세를 구름(雲)에 비유한 말.
- 풍운아(風雲兒): 용이 바람(風)과 구름(雲)을 타고 하늘로 오르는 것처럼 세상에 두각을 나타내는 사람(兒).

1단계 : 또박또박 읽기

뜻 따뜻할	소리 온

溫(온)은 '따뜻하다' 또는 '부드럽다'를 뜻해요.

또박또박 읽고 색칠해 보세요.

뜻	소리	뜻+소리

따뜻할	온	따뜻할 온
○○○	△△△	□□□

2단계 : 차근차근 쓰기

총 13획

溫溫溫溫溫溫溫溫溫溫溫
溫溫

溫	溫	溫	溫	溫	溫
따뜻할 온	따뜻할 온	따뜻할 온	따뜻할 온	따뜻할 온	따뜻할 온
따뜻할 온	따뜻할 온	따뜻할 온	따뜻할 ( )	따뜻할 ( )	따뜻할 ( )

3단계 : 두근두근 어휘력 키우기

溫(온)이 들어간 낱말을 살펴보고 문장에서 찾아 ○ 해 보세요.

체온
몸(體)의 온도(溫).

體
체

溫
온

泉
천

온천
따뜻한(溫) 물이
솟는 샘(泉).

* 코로나19를 예방하기 위해 체온(體溫)을 쟀습니다.
* 다음번에 온천(溫泉) 여행을 가자고 약속하였습니다.

1단계 : 또박또박 읽기

뜻 더울	소리 서

暑(서)는 뜨거운 햇볕 아래의 사람을 나타낸 글자로,
'더위', '덥다'를 뜻해요.

또박또박 읽고 색칠해 보세요.

뜻	소리	뜻+소리
暑	暑	暑
더울	서	더울 서
○○○	△△△	□□□

2단계 : 차근차근 쓰기

총 13획 ▶ 暑 暑 暑 暑 暑 暑 暑 暑 暑 暑 暑 暑 暑

暑	暑	暑	暑	暑	暑
더울 서	더울 서	더울 서	더울 서	더울 서	더울 서
더울 서	더울 서	더울 서	더울 ( )	더울 ( )	더울 ( )

3단계 : 두근두근 어휘력 키우기

暑(서)와 다른 글자가 합쳐진 낱말을 보고 문장에서 찾아 ○ 해 보세요.

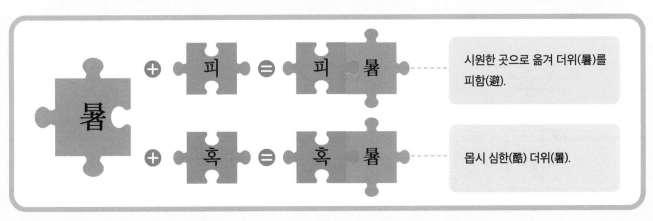

暑 + 피 = 피 暑 ······ 시원한 곳으로 옮겨 더위(暑)를 피함(避).

暑 + 혹 = 혹 暑 ······ 몹시 심한(酷) 더위(暑).

✤ 시원하고 한적한 계곡에서 피서(避暑)를 즐겼습니다.

✤ 이번 혹서(酷暑) 때문에 에어컨이 많이 팔렸습니다.

1단계 또박또박 읽기

뜻 찰 소리 한

寒(한)은 '차다', '춥다'를 뜻해요.

또박또박 읽고 색칠해 보세요.

뜻
찰
○○○

소리
한
△△△

뜻+소리
찰 한
□□□

2단계 : 차근차근 쓰기

총 12획

寒寒寒寒寒寒寒寒寒寒寒
寒

寒	寒	寒	寒	寒	寒
찰 한	찰 한	찰 한	찰 한	찰 한	찰 한
찰 한	찰 한	찰 한	찰 ( )	찰 ( )	찰 ( )

3단계 : 두근두근 어휘력 키우기

寒(한)이 들어간 문장이 자연스럽게 이어지도록 선을 그어 보세요.

갑작스럽게 • • 한파(寒波)가 찾아왔습니다.

경찰에 잡힌 범인이 • • 한심(寒心)스러웠습니다.

· 한파(寒波): 차가운(寒) 기운이 물결(波)처럼 밀려오는 것. 갑자기 기온이 내려가는 현상.
· 한심(寒心): 차가운(寒) 마음(心). 정도에 알맞지 않아 마음이 가엾게 느껴짐.

1단계 : 또박또박 읽기

雪

| 뜻 눈 | 소리 설 |

雪(설)은 하얀 '눈'을 뜻해요.

또박또박 읽고 색칠해 보세요.

| 뜻 | 소리 | 뜻+소리 |

雪

눈

○ ○ ○

雪

설

△ △ △

雪

눈 설

□ □ □

2단계 : 차근차근 쓰기

총 11획 → 雪雪雪雪雪雪雪雪雪雪雪

雪	雪	雪	雪	雪	雪
눈 설	눈 설	눈 설	눈 설	눈 설	눈 설
눈 설	눈 설	눈 설	눈 ( )	눈 ( )	눈 ( )

3단계 : 두근두근 어휘력 키우기

雪(설)이 들어간 낱말을 살펴보고 문장에서 찾아 ○ 해 보세요.

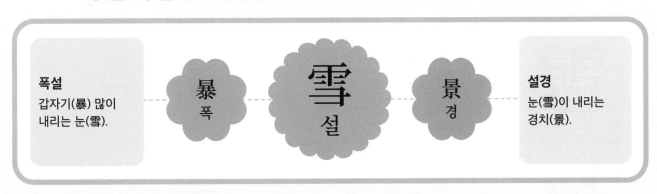

폭설
갑자기(暴) 많이
내리는 눈(雪).

暴
폭

雪
설

景
경

설경
눈(雪)이 내리는
경치(景).

● 폭설(暴雪) 때문에 길이 얼어 무척 미끄럽습니다.

● 새하얗고 아름다운 설경(雪景)에 입이 다물어지지 않았습니다.

뜻과 소리 연결하기

清부터 雪까지 한자를 즐겁게 공부하는 시간이에요.
왼쪽의 한자를 잘 보고 알맞은 뜻과 소리를 찾아 연결해 보세요.

雨 ·   · 기운 기

溫 ·   · 눈 설

明 ·   · 밝을 명

雪 ·   · 비 우

氣 ·   · 따뜻할 온

알맞은 낱말 색칠하기

두근두근 낱말 하트예요.
清부터 雪까지 날씨 한자가 들어간 하트를 찾아 색칠해 보세요.

住민　　數학　　清소

밀林　　　寒파

夜식　　피暑　　절半

輕차　　　風경

한 권으로 끝내는 문해력 첫 한자
2단계 7~8세

초판 1쇄 발행 2022년 4월 1일

지은이 전기현
그린이 꽃비
펴낸이 민혜영
펴낸곳 (주)카시오페아 출판사
주소 서울시 마포구 월드컵로 14길 56, 2층
전화 02-303-5580 | 팩스 02-2179-8768
홈페이지 www.cassiopeiabook.com | 전자우편 editor@cassiopeiabook.com
출판등록 2012년 12월 27일 제2014-000277호
책임편집 최유진, 진다영 | 책임디자인 최예슬
편집 최유진, 이수민, 진다영, 공하연 | 디자인 이성희, 최예슬 | 마케팅 허경아, 홍수연, 변승주

ⓒ전기현, 2022
ISBN 979-11-6827-026-8 63710

• 잘못된 책은 구입하신 곳에서 바꿔 드립니다.
• 책값은 뒤표지에 있습니다.